Das neue Verfahren in Militärversorgungssachen

mit Abdruck

der zugehörigen Verordnungen der Reichsregierung des Reichsarbeitsministers, des Staatenausschusses (Bundesrats) und der obersten Militärverwaltungsbehörden

Von

Dr. Wilhelm Rabeling

Geh. Regierungsrat
beauftragt mit der ständigen Vertretung des Präsidenten
des Reichs-Militärversorgungsgerichts

Springer-Verlag Berlin Heidelberg GmbH
1919

ISBN 978-3-662-42062-1 ISBN 978-3-662-42329-5 (eBook)
DOI 10.1007/978-3-662-42329-5

Erweiterter Sonderdruck
aus der Monatsschrift für Arbeiter- und Angestellten-Versicherung

Vorwort.

Das Verfahren in Militärversorgungssachen ist durch die Verordnung der Reichsregierung über Änderung des Verfahrens in Militärversorgungssachen vom 1. Februar 1919 (RGBl. S. 149) wesentlich umgestaltet worden. Vor allem hat die Verordnung für die Feststellung von Ansprüchen auf Versorgungsgebührnisse ein Spruchverfahren vor besonderen Fachgerichten (Militärversorgungsgerichten, Reichs-Militärversorgungsgericht, in Bayern Landes-Militärversorgungsgericht) neu eingeführt, welche den Instanzen der Reichsversicherung (den Oberversicherungsämtern und dem Reichsversicherungsamt, in Bayern dem Landesversicherungsamt) angegliedert werden. In einer Abhandlung „Das neue Verfahren in Militärversorgungssachen", die in der Monatsschrift für Arbeiter- und Angestellten-Versicherung vom März 1919 erschienen ist, sind von dem Herausgeber dieser Schrift das bisherige Verfahren, die Bestrebungen nach seiner Änderung und das künftige Verfahren kurz dargestellt worden. Die vorliegende Schrift bringt einen Sonderdruck dieser Abhandlung.

Um einen Überblick über den gesamten Rechtsstoff zu gewähren, sind ferner die das Verfahren in Militärversorgungssachen betreffenden Verordnungen im Wortlaut zusammengestellt worden. In Betracht kommt in erster Linie die erwähnte Verordnung der Reichsregierung vom 1. Februar 1919. Angefügt sind ihr die Verfahrensvorschriften der Militärversorgungsgesetze (Mannschaftsversorgungsgesetz, Offizierpensionsgesetz, Militärhinterbliebenengesetz) in ihrer nunmehrigen Fassung. Die Änderungen der Vorschriften sind durch den Druck kenntlich gemacht. Daran schließen sich die auf Grund der Verordnung vom 1. Februar 1919 erlassenen Verordnungen des Reichsarbeitsministers, nämlich die Bestimmungen über die Militärversorgungsgerichte und das Reichs-Militärversorgungsgericht sowie über das Verfahren vor ihnen vom 18. Februar 1919 sowie die Verordnung über die Gebühren der Rechtsanwälte im Verfahren vor den Militärversorgungsgerichten und dem Reichs-Militärversorgungsgerichte vom 1. März 1919. Sodann folgen die Ausführungsbestimmungen des Staatenausschusses vom 27. Februar 1919 zu der Verordnung vom 1. Februar 1919 sowie die Bestimmungen des Bundesrats vom 19. Juni 1906 zur Ausführung des Mannschaftsversorgungsgesetzes und desgleichen des Offizierpensionsgesetzes in der Fassung, wie sie sich nach den Ausführungsbestimmungen des Staatenausschusses ergibt. Die Änderungen sind auch hier durch den Druck kenntlich gemacht. Endlich werden die Ausführungsbestimmungen des preußischen Kriegsministeriums vom 27. Februar 1919 und des Reichs-Marine-Amts vom 6. März 1919 zu der Verordnung vom 1. Februar 1919 wiedergegeben. Die Pensionierungs-Vorschriften, die nach den Ausführungsbestimmungen der obersten Militärverwaltungsbehörden zum Mannschaftsversorgungsgesetz und zum Offizierpensionsgesetze für das geschäftliche Verfahren maßgebend sind, konnten ihres Umfanges wegen nicht mit aufgenommen werden.

Die in den Verordnungen angezogenen Vorschriften anderer Gesetze sind als Anmerkungen abgedruckt, oder es wird auf die Seite dieser Schrift verwiesen, auf der sie zu finden sind.

Ein Verzeichnis der Oberversicherungsämter, die für die Militärversorgungsgerichte in Betracht kommen, sowie der Pensionsregelungsbehörden beschließt die Schrift.

Ein Sachverzeichnis soll ihren Gebrauch erleichtern.

Berlin, März 1919.

Der Herausgeber.

Inhaltsangabe.

Seite

Vorwort III
Abkürzungen VII

I. Das neue Verfahren in Militärversorgungssachen (Abhandlung).

A. Bisheriges Recht 1
B. Bestrebungen nach Änderung des bisherigen Rechts 8
C. Künftiges Recht 13

I. Verwaltungsverfahren 14
1. Feststellung der Gebührnisse 14
2. Regelung des Bezugs der Gebührnisse 21

II. Gerichtliches Verfahren 23
1. Spruchverfahren der Militärversorgung 23
2. Ordentlicher Rechtsweg 35

III. Übergangsvorschriften 37

II. Die gesetzlichen Vorschriften über das Verfahren.

1. Verordnung der Reichsregierung über Änderung des Verfahrens in Militärversorgungssachen. Vom 1. Februar 1919 40
Artikel I 40
Artikel II (Spruchverfahren) 42
Artikel III 48
Artikel IV (Übergangsvorschriften) 49
2. Die Verfahrensvorschriften der Militärversorgungsgesetze in der Fassung der Verordnung vom 1. Februar 1919 50
I. Mannschaftsversorgungsgesetz 50
II. Offizierpensionsgesetz 53
III. Militärhinterbliebenengesetz 54

III. Verordnungen des Reichsarbeitsministers.

1. Bestimmungen über die Militärversorgungsgerichte und das Reichs-Militärversorgungsgericht sowie über das Verfahren vor ihnen. Vom 18. Februar 1919 56

A. Verfassung der Gerichte.

I. Militärversorgungsgerichte 56
II. Reichs-Militärversorgungsgericht 61

B. Verfahren. Seite

I. Allgemeines 63
II. Das Verfahren vor den Militärversorgungsgerichten 65
III. Das Verfahren vor dem Reichs-Militärversorgungsgerichte . 77
IV. Wiederaufnahme des Verfahrens 78

C. Schlußbestimmungen. 80

2. Verordnung über die Gebühren der Rechtsanwälte im Verfahren vor den Militärversorgungsgerichten und dem Reichs-Militärversorgungsgerichte. Vom 1. März 1919 81

IV. Ausführungsbestimmungen des Staatenausschusses (Bundesrats).

1. Ausführungsbestimmungen des Staatenausschusses zur Verordnung über Änderung des Verfahrens in Militärversorgungssachen vom 1. Februar 1919 (RGBl. S. 149). Vom 27. Februar 1919 83
2. Bestimmungen des Bundesrats vom 19. Juni 1906 zur Ausführung des Mannschaftsversorgungsgesetzes. In der Fassung der Ausführungsbestimmungen des Staatenausschusses vom 27. Februar 1919 86
3. Bestimmungen des Bundesrats vom 19. Juni 1906 zur Ausführung des Offizierpensionsgesetzes. In der Fassung der Ausführungsbestimmungen des Staatenausschusses vom 27. Februar 1919 . . . 90

V. Ausführungsbestimmungen der obersten Militärverwaltungsbehörden.

1. Ausführungsbestimmungen des Preußischen Kriegsministeriums zur Verordnung vom 1. Februar 1919 über Änderung des Verfahrens in Militärversorgungssachen. Vom 27. Februar 1919 95
2. Ausführungsbestimmungen des Reichs-Marine-Amts vom 6. März 1919 97

VI. Verzeichnisse.

1. Oberversicherungsämter 99
2. Pensionsregelungsbehörden 100

Sachverzeichnis 102

Abkürzungen.

aaO.	= am angegebenen Orte.
Abs.	= Absatz, Absätze.
Art.	= Artikel.
AVBl.	= Armee-Verordnungsblatt.
BGB.	= Bürgerliches Gesetzbuch.
ff.	= folgende.
GVG.	= Gerichtsverfassungsgesetz.
in Verb. mit	= in Verbindung mit.
MHG.	= Militärhinterbliebenengesetz.
MVG.	= Mannschaftsversorgungsgesetz.
Nr.	= Nummer.
ObVersAmt	= Oberversicherungsamt.
OPG.	= Offizierpensionsgesetz.
RGBl.	= Reichs-Gesetzblatt.
RGZ.	= Entscheidung des Reichsgerichts in Zivilsachen.
RVA.	= Reichsversicherungsamt.
RVO.	= Reichsversicherungsordnung.
S.	= Seite.
StenBer.	= Stenographischer Bericht.
usw.	= und so weiter.
vgl.	= vergleiche.
vH.	= vom Hundert.
VO.	= Verordnung.
zB.	= zum Beispiel.
ZBl.	= Zentralblatt für das Deutsche Reich.
ZPO.	= Zivilprozeßordnung.

I. Das neue Verfahren in Militärversorgungssachen.

A. Bisheriges Recht.

Das Verfahren in Militärversorgungssachen ist in den Militärversorgungsgesetzen und den zugehörigen Verordnungen geregelt. Die in Betracht kommenden Militärversorgungsgesetze sind:

a) das Gesetz über die Versorgung der Personen der Unterklassen des Reichsheers, der Kaiserlichen Marine und der Kaiserlichen Schutztruppen vom 31. V. 1906 (RGBl. S. 593) — sogen. Mannschaftsversorgungsgesetz (MVG.) —, abgeändert durch Art III. des Gesetzes . . . . zur Änderung des Mannschaftsversorgungsgesetzes vom 3. VII. 1913 (RGBl. S. 496),

b) das Gesetz über die Pensionierung der Offiziere einschließlich Sanitätsoffiziere des Reichsheers, der Kaiserlichen Marine und der Kaiserlichen Schutztruppen vom 31. V. 1906 (RGBl. S. 565) — sogen. Offizierpensionsgesetz (OPG.) —, ergänzt durch das Gesetz über die Kriegsversorgung von Zivilbeamten vom 4. VIII. 1914 (RGBl. S. 335),

c) das Militärhinterbliebenengesetz (MHG.) vom 17. V. 1907 (RGBl. S. 214).

Von den zu diesen Gesetzen ergangenen Verordnungen sind für das Verfahren von Bedeutung:

a) die auf Grund des Art. 7 Nr. 2 der Reichsverfassung erlassenen Bestimmungen des Bundesrats vom 19. VI. 1906 zur Ausführung des MVG. (ZBl. S. 662) und des OPG. (ZBl. S. 659),

b) die Ausführungsbestimmungen der obersten Militärverwaltungsbehörden, nämlich der Kriegsministerien Preußens, Bayerns, Sachsens und Württembergs sowie des Reichs-Marine-Amts,

c) die Pensionierungsvorschriften, die nach den zu b erwähnten Ausführungsbestimmungen für das geschäftliche Verfahren maßgebend sind.

Das Verfahren zerfällt nach der bisherigen Fassung der erwähnten Militärversorgungsgesetze in das Verwaltungsverfahren — in den Gesetzen schlechthin als „Verfahren" bezeichnet — und den Rechtsweg. Die in Betracht kommenden Vorschriften des Mannschaftsversorgungsgesetzes lauten:

Verfahren.

§ 27 (MVG.).

Die Feststellung und Anweisung der Versorgungsgebührnisse erfolgt durch die oberste Militärverwaltungsbehörde des Kontingents; diese kann ihre Befugnisse auf andere Behörden übertragen, wenn sie ihr nicht durch dieses Gesetz ausdrücklich vorbehalten sind.

§ 28 (MVG.).

Der Grad der Erwerbsunfähigkeit (§ 4) wird sowohl für sich, als in seinem ursächlichen Zusammenhange mit einer erlittenen Dienstbeschädigung durch die dazu verordneten Militärbehörden festgestellt. Dem Verletzten steht es frei, Beweismittel beizubringen.

Die auf Grund der Feststellungen getroffene Entscheidung ist dem Verletzten schriftlich mitzuteilen.

§ 29 (MVG.).

Gegen die Entscheidung einer niederen Behörde kann bei der nächsthöheren zuständigen Behörde, an letzter Stelle bei der obersten Militärverwaltungsbehörde des Kontingents, Einspruch eingelegt werden.

Für das geschäftliche Verfahren sind die von der obersten Militärverwaltungsbehörde des Kontingents zu erlassenden Vorschriften maßgebend.

Der Einspruch muß bis zum Ablauf von drei Monaten nach Zustellung der Vorentscheidung eingelegt werden.

Die Form der Zustellung bestimmt die oberste Militärverwaltungsbehörde des Kontingents.

Jede Entscheidung muß die Bezeichnung der für den Einspruch zuständigen Behörde sowie die Belehrung über die einzuhaltende Frist enthalten.

§ 30 (MVG.).

Die Versorgungsgebührnisse werden auf Antrag oder von Amts wegen anders festgesetzt oder entzogen, wenn in den Verhältnissen, welche für die Bewilligung maßgebend gewesen sind, eine wesentliche Veränderung eintritt.

Die Prüfung von Anträgen auf andere Festsetzung der Versorgungsgebührnisse findet alljährlich nur einmal statt. Die Militärbehörde kann bei Anmeldung eines höheren Anspruchs sowie in den Fällen der §§ 24, 25 von dieser Einschränkung absehen.

§ 31 (MVG.).

Die Versorgungsgebührnisse werden von Amts wegen anders festgesetzt oder entzogen, sobald erwiesen ist, daß die Voraussetzungen, unter denen sie bewilligt worden waren, den tatsächlichen Verhältnissen nicht entsprochen haben. Die Vorschriften über die Anfechtung gerichtlicher Urteile bleiben unberührt.

Rechtsweg.

§ 42 (MVG.).

Wegen der Ansprüche aus diesem Gesetz ist der Rechtsweg mit folgenden Maßgaben zulässig:

1. Der Militärfiskus wird durch die oberste Militärverwaltungsbehörde des Kontingents vertreten.
2. Die Entscheidung der obersten Militärverwaltungsbehörde des Kontingents muß der Klage vorhergehen; das Klagerecht geht verloren, wenn gegen die Entscheidung einer der im § 29 angeführten Behörden nicht rechtzeitig Einspruch eingelegt oder wenn die Klage nicht bis zum Ablauf von sechs Monaten nach Zustellung der Entscheidung der obersten Militärverwaltungsbehörde des Kontingents erhoben wird.

   Auf die Frist von sechs Monaten finden die Vorschriften der §§ 203, 206 des Bürgerlichen Gesetzbuchs entsprechende Anwendung.

Für die Ansprüche aus diesem Gesetze sind die Landgerichte ohne Rücksicht auf den Wert des Streitgegenstandes ausschließlich zuständig.

§ 43 (MVG.).

Für die Beurteilung der vor Gericht geltend gemachten Ansprüche sind die Entscheidungen der obersten Militärverwaltungsbehörde des Kontingents darüber maßgebend:

1. ob eine Gesundheitsstörung als eine Dienstbeschädigung anzusehen ist (§ 3);
2. ob eine Dienstbeschädigung als durch den Krieg erlitten anzusehen ist (§ 14);
3. ob Brauchbarkeit und Würdigkeit zum Beamten besteht (§§ 15 bis 17, 20).

Über die im Abs. 1 Nr. 1 bis 3 genannten Fragen entscheidet innerhalb der obersten Militärverwaltungsbehörde des Kontingents ein aus drei Offizieren oder Beamten der Heeresverwaltung gebildetes Kollegium endgültig.

Vorstehende Vorschriften gelten an sich nur für das Reichsheer, sie sind aber nach den §§ 49, 63 MVG. auf die Marine und die Schutztruppen entsprechend anzuwenden. Ergänzende Vorschriften enthalten für die Marine die §§ 60, 61 und für die Schutztruppen die §§ 72, 73 MVG. Als oberste Militärverwaltungsbehörden gelten hier das Reichs-Marine-Amt und das Reichskolonialamt.

Im Verwaltungsverfahren werden nach den mitgeteilten Vorschriften die Versorgungsgebührnisse durch die oberste Militärverwaltungsbehörde (die Kriegsministerien Preußens, Bayerns, Sachsens und Württembergs, das Reichs-Marine-Amt und das Reichskolonialamt) oder durch eine von der obersten Militärverwaltungsbehörde bestimmte andere Behörde festgestellt (§ 27 MVG.). Als solche andere Behörden kommen vornehmlich in Betracht: für das Heer die Generalkommandos (Versorgungsämter), für die Marine die Stationskommandos, für die Schutztruppen das Kommando der Schutztruppen im Reichskolonialamt oder das Kommando der betreffenden Schutztruppe. Ist die Feststellung tatsächlich anderen Behörden übertragen worden, so hat der Berechtigte es in der Hand, im Wege des Einspruchs oder, sofern die Übertragung an eine untere Behörde (Truppenteil, Bezirkskommando) stattgefunden hat, des wiederholten Einspruchs die Entscheidung der obersten Militärverwaltungsbehörde herbeizuführen (§ 29 Abs. 1 MVG.). Für den Einspruch ist jedesmal eine Frist von drei Monaten nach der Zustellung des Bescheids gegeben (§ 29 Abs. 3 MVG.).

Gegen die Entscheidung der obersten Militärverwaltungsbehörde kann binnen sechs Monaten nach der Zustellung der Rechtsweg vor den ordentlichen Gerichten (Landgericht, Oberlandesgericht, Reichsgericht) beschritten werden (§ 42 MVG.). Den Gerichten ist aber die Prüfung der drei wichtigsten Fragen (Dienstbeschädigung, Kriegsdienstbeschädigung, Brauchbarkeit und Würdigkeit zum Beamten), zu denen für die Marine und die Schutztruppen drei weitere Fälle hinzutreten, entzogen (§ 43 Abs. 1, §§ 61, 73 MVG.). Über diese Fragen entscheidet ein innerhalb der obersten Militärverwaltungsbehörde aus drei Offizieren oder Militärbeamten gebildetes Kollegium endgültig (§ 43 Abs. 2 MVG.). Die Entscheidung dieses Kollegiums ergeht ohne mündliche Verhandlung lediglich auf Grund der Akten; Mitteilung der Gründe an den Berechtigten ist nicht vorgeschrieben.

Eine Rechtskraft der Bescheide ist dem bisherigen Rechte unbekannt. Die Bescheide können vielmehr auch nach Ablauf der für den Einspruch oder die Klage vorgeschriebenen Frist jederzeit mit rückwirkender Kraft zugunsten wie auch zuungunsten des Berechtigten abgeändert werden. Der § 31 MVG. macht allerdings die andere Festsetzung oder Entziehung der Versorgungsgebührnisse von dem Nachweis abhängig, daß die Voraussetzungen, unter denen sie bewilligt worden waren, den tatsächlichen Verhältnissen nicht entsprochen haben. Das Reichsgericht hat aber, hierüber hinausgehend, ausgesprochen, daß die Bescheide der Militärbehörden als Verwaltungsentscheidungen auf Antrag wie von Amts wegen abgeändert werden könnten, wenn die Behörde sich überzeuge, entweder, daß die tatsächlichen Grundlagen der Entscheidung, die als gegeben angesehen worden seien, in Wirklichkeit nicht bestanden hätten oder anders, als sie angenommen worden, gestaltet gewesen seien, oder daß die getroffene Entscheidung auf einer unrichtigen Auffassung des Gesetzes beruht habe. Hieran könne auch der Umstand nichts ändern, daß nach den §§ 29 und 42 MVG. die Entscheidungen der Militärbehörden über die Gewährung von Versorgungsgebührnissen infolge Unterlassung des Einspruchs oder der Klageerhebung für die Gesuchsteller unanfechtbar würden. Denn das bedeute nur, daß den Gesuchstellern kein Rechtsanspruch auf nochmalige Prüfung und Entscheidung über ihren Antrag auf Bewilligung einer Versorgungsgebührnis überhaupt oder einer solchen von größerem Umfang zustehe. Dagegen hindere eine solche in diesem Sinne unanfechtbar gewordene Entscheidung die Militärbehörde selbst nicht, von Amts wegen in eine nochmalige Untersuchung der maßgebenden Verhältnisse einzutreten, wenn ihr aus irgend einem Grunde nachträglich Bedenken gegen die objektive Richtigkeit der getroffenen Entscheidung aufstiegen, und dann gegebenenfalls ebenso von Amts wegen die frühere Entscheidung zu ändern (RGZ. Band 85 S. 144). Die Bescheide sind danach der Rechtskraft überhaupt nicht fähig. Rechtskräftig werden vielmehr nur die über die Versorgungsgebührnisse etwa ergehenden gerichtlichen Urteile.

Von der Feststellung der Versorgungsgebührnisse ist die Regelung ihres Bezugs zu unterscheiden. Diese liegt auf Grund der Bestimmungen des Bundesrats vom 19. VI. 1906 zur Ausführung des MVG. (ZBl. S. 662) den von den Bundesstaaten bestimmten Pensionsregelungsbehörden — in Preußen den Regierungen — ob Die Feststellungsbehörden stellen die Gebührnisse fest und weisen. die Pensionsregelungsbehörden zu ihrer Zahlung an. Die Pensionsregelungsbehörden entscheiden sodann über die Zahlbarkeit der Gebührnisse. Diesen Behörden steht damit namentlich die Entscheidung über die Rückzahlung von Gebührnissen (§§ 22, 40 Abs. 2 MVG.) sowie über das Erlöschen, Ruhen und Wiederaufleben des Rechtes auf ihren Bezug (§§ 33 bis 38 MVG.) zu. Gegen den Bescheid der Pensionsregelungsbehörden ist der Einspruch an die oberste Militärverwaltungsbehörde gegeben, sofern diese nicht schon als Pensionsregelungsbehörde entschieden hat. Der Einspruch ist hier an keine Frist gebunden. Gegen die Entscheidung der obersten Militärverwaltungsbehörde kann auch in diesem Falle binnen sechs Monaten nach der Zustellung der Rechtsweg vor den ordentlichen Gerichten beschritten werden.

Für den Bereich des Offizierpensionsgesetzes und des Militärhinterbliebenengesetzes ist die Rechtslage im wesentlichen die gleiche, wenngleich dort den §§ 28 bis 31 MVG. entsprechende Vorschriften fehlen. Aus dem Offizierpensionsgesetze kommen folgende Vorschriften in Betracht:

Verfahren.

§ 19 (OPG).

Die Feststellung und Anweisung der Pensionsgebührnisse erfolgt durch die oberste Militärverwaltungsbehörde des Kontingents; diese kann ihre Befugnisse auf andere Behörden übertragen, wenn sie ihr nicht durch dieses Gesetz ausdrücklich vorbehalten sind.

Rechtsweg.

§ 39 (OPG).

Wegen der Ansprüche aus diesem Gesetz ist der Rechtsweg mit folgenden Maßgaben zulässig:

1. Der Militärfiskus wird durch die oberste Militärverwaltungsbehörde des Kontingents vertreten.
2. Die Entscheidung der obersten Militärverwaltungsbehörde des Kontingents muß der Klage vorhergehen; das Klagerecht geht verloren, wenn die Klage nicht bis zum Ablauf von sechs Monaten nach Zustellung dieser Entscheidung erhoben wird.

   Hat gemäß §§ 19, 27 eine andere Behörde Entscheidung getroffen, so tritt der Verlust des Klagerechts auch dann ein, wenn gegen diese Entscheidung von den Beteiligten nicht bis zum Ablauf von sechs Monaten nach der Zustellung Einspruch bei der obersten Militärverwaltungsbehörde des Kontingents eingelegt ist.

   Auf die Frist von sechs Monaten finden die Vorschriften der §§ 203, 206 des Bürgerlichen Gesetzbuchs entsprechende Anwendung.

   Die Form der Zustellung bestimmt die oberste Militärverwaltungsbehörde des Kontingents.

Für die Ansprüche aus diesem Gesetze sind die Landgerichte ohne Rücksicht auf den Wert des Streitgegenstandes ausschließlich zuständig.

§ 40 (OPG).

Für die Beurteilung der vor Gericht geltend gemachten Ansprüche sind die Entscheidungen der obersten Militärverwaltungsbehörde des Kontingents darüber maßgebend:

1. ob eine Gesundheitsstörung als eine Dienstbeschädigung anzusehen ist (§§ 5, 32 bis 34);
2. ob und in welchem Grade Dienstunfähigkeit vorliegt (§§ 1, 4, 28);
3. ob eine Dienstbeschädigung oder Aufhebung oder Minderung der Erwerbsfähigkeit als durch den Krieg herbeigeführt anzusehen ist (§§ 12, 35).

Über die in Ziffer 1 bis 3 genannten Fragen entscheidet innerhalb der obersten Militärverwaltungsbehörde des Kontingents ein aus drei Offizieren oder Beamten der Heeresverwaltung gebildetes Kollegium endgültig.

Auch diese Vorschriften sind auf die Marine und die Schutztruppen entsprechend anzuwenden (§§ 45, 62 OPG.). Ergänzende Vorschriften enthalten für die Marine § 60 und für die Schutztruppen § 73 OPG.

Abgesehen davon, daß das innerhalb der obersten Militärverwaltungsbehörde gebildete Kollegium auf dem Gebiete des OPG. naturgemäß zum Teil über andere Fragen als auf dem Gebiete des MVG. zu entscheiden hat, besteht eine Abweichung nur insofern, als nach dem OPG., sofern die Feststellung auf eine andere Behörde übertragen ist, für den Einspruch im Verwaltungsverfahren eine Frist von sechs statt von drei Monaten gegeben ist. Das Fehlen einer dem § 31 MVG. entsprechenden Vorschrift ist angesichts der erwähnten Stellungnahme des Reichsgerichts ohne Bedeutung; die Bescheide sind vielmehr hier wie dort der Rechtskraft nicht fähig. Über die Regelung des Bezugs der Gebührnisse sind vom Bundesrate für das OPG. Bestimmungen erlassen, die hinsichtlich des Verfahrens denen zum MVG. entsprechen (vgl. Bestimmungen des Bundesrats vom 19. VI. 1906 zur Ausführung des OPG., ZBl. S. 659).

Die in Betracht kommenden Vorschriften des **Militärhinterbliebenengesetzes** lauten:

§ 28 (MHG).

Die Festsetzung des Witwen- und Waisengeldes sowie der Kriegsversorgung und die Bestimmung darüber, an wen die Zahlung zu leisten ist, erfolgt durch die oberste Militärverwaltungsbehörde des Kontingents, dem der Verstorbene zuletzt angehört hat, oder, wenn er einem Kontingente nicht angehört hat, durch die oberste Militärverwaltungsbehörde des Kontingents, in dessen Bezirk er zuletzt gewohnt hat.

Die oberste Militärverwaltungsbehörde kann diese Befugnisse auf andere Behörden übertragen.

§ 35 (MHG).

Wegen der Ansprüche aus diesem Gesetz ist der Rechtsweg mit folgenden Maßgaben zulässig:

Die Entscheidung der obersten Militärverwaltungsbehörde des Kontingents muß der Klage vorhergehen; das Klagerecht geht verloren, wenn die Klage nicht bis zum Ablauf von sechs Monaten nach Zustellung dieser Entscheidung erhoben wird.

Hat gemäß § 28 eine andere Behörde Entscheidung getroffen, so tritt der Verlust des Klagerechts auch dann ein, wenn gegen diese Entscheidung von den Beteiligten nicht bis zum Ablauf von sechs Monaten nach der Zustellung Einspruch bei der obersten Militärverwaltungsbehörde des Kontingents eingelegt ist.

Auf die Frist von sechs Monaten finden die Vorschriften der §§ 203, 206 des Bürgerlichen Gesetzbuchs entsprechende Anwendung.

Die Form der Zustellung bestimmt die oberste Militärverwaltungsbehörde des Kontingents.

Für die Ansprüche aus diesem Gesetze sind die Landgerichte ohne Rücksicht auf den Wert des Streitgegenstandes ausschließlich zuständig.

§ 36 (MHG).

Für die Beurteilung der vor Gericht geltend gemachten Ansprüche sind die Entscheidungen der obersten Militärverwaltungsbehörde des Kontingents darüber maßgebend:

1. ob eine Gesundheitsstörung als eine Dienstbeschädigung anzusehen, ob eine Dienstbeschädigung durch den Krieg herbeigeführt ist;
2. ob der Tod mit den Folgen einer Dienstbeschädigung zusammenhängt;
3. ob der Verstorbene zum Feld- oder Besatzungsheere gehört hat.

Über die in Nr. 1 bis 3 genannten Fragen entscheidet innerhalb der obersten Militärverwaltungsbehörde das gemäß § 40 des Offizierspensionsgesetzes und § 43 des Mannschaftsversorgungsgesetzes gebildete Kollegium des betreffenden Kontingents endgültig.

Nach den §§ 38, 47 MHG. sind diese Vorschriften auf die Marine und Schutztruppen entsprechend anzuwenden. Ergänzende Vorschriften enthalten für die Marine die §§ 39, 46 und für die Schutztruppen die §§ 48, 51 MHG.

Für den Bereich des MHG. stimmt nach vorstehenden Vorschriften die Rechtslage mit der des OPG. völlig überein. Über die Regelung des Bezugs der Hinterbliebenengebührnisse hat der Bundesrat keine Bestimmungen erlassen. Auf das Verfahren sind die zu den anderen Gesetzen erlassenen Bestimmungen entsprechend angewendet worden.

B. Bestrebungen nach Änderung des bisherigen Rechts.

Im Laufe des Krieges ist in der Öffentlichkeit mehr und mehr das Verlangen nach einer Änderung des bisherigen Verfahrens in Militärversorgungssachen, das für nicht mehr zeitgemäß erachtet wurde, hervorgetreten. Im Reichstag ist dies bereits in der ersten Hälfte des Jahres 1915 geschehen, wobei die Wünsche allerdings noch keine sichere Gestalt gewonnen hatten (vgl. insbesondere StenBer. über die Sitzung vom 29. V. 15 S. 156/170). Unter dem 25. I. 1917 wurde sodann von nationalliberaler Seite in der Anfrage Nr. 106 (Drucksachen des Reichstags 1914/17 Nr. 603) unter Hinweis auf die Schwerfälligkeit des bisher in dem MVG. und dem MHG. geltenden Verfahrens die Frage gestellt:

> „Ist der Herr Reichskanzler bereit, in Kürze eine Änderung der entsprechenden Vorschriften, welche den berechtigten Interessen der Kriegsbeschädigten und Kriegshinterbliebenen mehr entspricht, analog den Bestimmungen der Reichsversicherungsordnung in die Wege zu leiten?“

Die Frage ist von dem Stellvertreter des Reichskanzlers am 23. III. 1917 (Drucksachen Nr. 711) dahin beantwortet worden, daß über die Möglichkeit der Änderung des Rentenfestsetzungsverfahrens und des Rechtswegs Erwägungen schwebten und die erforderlichen Änderungen in den Gesetzesnovellen zum Ausdruck kommen würden. Mit den Gesetzesnovellen waren die in Aussicht genommenen Novellen zu den drei Militärversorgungsgesetzen gemeint, durch welche nicht nur die Vorschriften dieser Gesetze über das Verfahren, sondern auch ihre materiellen Vorschriften in umfassender Weise geändert werden sollten.

Neben dem Reichstag ist vor allem der Reichsausschuß der Kriegsbeschädigtenfürsorge, dem Mitglieder aller maßgebenden Parteien des Reichstags angehörten, nachdrücklichst für eine Änderung des Verfahrens in Militärversorgungssachen eingetreten. Nach den von ihm am 16. XII. 1916, also bereits vor Stellung der erwähnten Anfrage Nr. 106, einstimmig beschlossenen Leitsätzen*) sind „für die Entscheidungen in Streitigkeiten, welche die Festsetzung einer Militärrente auf Grund der Teilnahme an dem gegenwärtigen Kriege zum Gegenstande haben, folgende Änderungen gegenüber den zurzeit geltenden Vorschriften des MVG. anzustreben:

1. Die in Ziffer 1 und 2 des § 43 MVG. bezeichneten Fragen sollen der Nachprüfung durch die ordentlichen Gerichte oder, da deren Zuständigkeit voraussichtlich beseitigt werden muß (vgl. Ziffer 2), der Nachprüfung durch besondere Spruchbehörden unterstellt werden.
2. Gegen die Festsetzungen der ersten Instanz soll Berufung an Spruchbehörden zulässig sein, die, mit richterlicher Selbständigkeit ausgestattet, zweckmäßig an die Oberversicherungsämter anzugliedern sind. Sie sollen sich unter dem Vorsitz eines rechtskundigen Beamten aus je einem Vertreter der Militärverwaltung und der Rentenberechtigten und aus zwei weiteren rechtskundigen Beisitzern zusammensetzen. Gegen die Entscheidung der Spruchbehörden findet nur Revision an eine dem Reichsversicherungsamt entsprechend anzugliedernde Oberspruchbehörde statt.
3. Wenn das Vorliegen einer Dienstbeschädigung endgültig von den nach dem MVG. zuständigen Stellen verneint, von den Instanzen der sozialen Versicherung bejaht wird, ist die Entscheidung dieser Frage einer besonderen, dem Reichsversicherungsamt anzugliedernden Spruchinstanz zu übertragen.“

Nach der Ansicht des Reichsausschusses liegt der Hauptmangel des bisherigen Rechts darin, daß gerade über die wichtigsten Fragen, nämlich über die Voraussetzungen des Anspruchs auf Militärversorgung (Dienstbeschädigung, Kriegsdienstbeschädigung), von der obersten Militärverwaltungsbehörde endgültig entschieden wird, so daß die Herbeiführung einer gerichtlichen Entscheidung über diese Fragen ausgeschlossen ist. In der Begründung zu dem ersten Leitsatz**) wird darüber folgendes ausgeführt:

„Auf Grund dieser gesetzlichen Bestimmungen“, nämlich des § 43 MVG., „sind nach der derzeitigen Rechtsprechung die Fragen, ob eine Gesundheitsschädigung als Dienstbeschädigung und ob eine Dienstbeschädigung als durch den Krieg erlitten anzusehen

*) Vgl. „Vorschläge des Reichsausschusses der Kriegsbeschädigtenfürsorge zur Abänderung des MVG.“, Carl Heymanns Verlag, Berlin 1918, S. 1f.

**) aaO. S. 4f.

sei, der Würdigung durch die richterliche Instanz entzogen. Die Gerichte haben zurzeit nur über die Höhe der Rente, dagegen nicht über die wichtigste Frage, nämlich über deren Voraussetzung, zu entscheiden. Nach dem jetzigen Verfahren erfährt der Beschädigte, falls sein Anspruch von der obersten Militärverwaltungsbehörde abgewiesen wird, regelmäßig nicht einmal den Grund der Abweisung. Diese Tatsache, die allerdings geeignet ist, die Zahl der Prozesse zu vermindern, hat schon bisher dazu geführt, große Mißstimmung zu erzeugen. Die von der obersten Militärverwaltungsbehörde mit ihren Ansprüchen abgewiesenen Kriegsbeschädigten erblicken, zumal ihnen eine Begründung der Abweisung nicht zu Gesicht kommt, in der Ablehnung ihrer vermeintlich wohlbegründeten Ansprüche lediglich einen Akt willkürlicher fiskalischer Entscheidung. Gerade diese Fälle der Abweisung werden sich besonders häufen, wenn die Kriegsteilnehmer nach Friedensschluß aus dem Schützengraben nach Hause zurückkehren und trotz ihrer Behauptung, einen mehr oder weniger nachweisbaren Schaden aus dem Feldzug davongetragen zu haben, keine Rente erhalten. Es werden sich dabei die Fälle häufen, in denen durch Vermittlung einflußreicher Persönlichkeiten eine Nachprüfung der Entscheidung immer wieder von neuem versucht wird. Diesem unerwünschten Zustand, der zu großer Erbitterung in den Kreisen der Kriegsteilnehmer Anlaß geben muß, wird nur dadurch begegnet werden können, daß auch die Frage des ursächlichen Zusammenhanges zum Gegenstande des instanziellen Verfahrens gemacht wird, gleichgültig, ob das jetzt vorgeschriebene gerichtliche Verfahren beibehalten wird oder ein eigenes Verfahren für Militärrentensachen zur Einführung kommt. Die endgültige Entscheidung in rein militärischen Fragen, wie zB. über die Berechtigung zum Zivilversorgungsscheine, soll nach wie vor der Militärbehörde verbleiben."

Abgesehen von diesem Mangel hält der Reichsausschuß der Kriegsbeschädigtenfürsorge auch das langwierige und kostspielige Verfahren vor den ordentlichen Gerichten (Landgericht, Oberlandesgericht, Reichsgericht) zur Verfolgung von Ansprüchen auf Militärversorgung für nicht geeignet. Er tritt vielmehr für ein kontradiktorisches Verfahren vor besonderen Spruchbehörden der Militärversorgung ein, die ihrer Zusammensetzung nach so zu gestalten wären, daß sie für eine objektive Entscheidung bürgen und das Vertrauen der Beteiligten genießen. Diese Bedingungen werden nach der Ansicht des Reichsausschusses am sichersten und einfachsten durch die Angliederung der neuen Spruchbehörden an die Instanzen der Reichsversicherung, und zwar an die Oberversicherungsämter und das Reichsversicherungsamt, erfüllt. Der Reichsausschuß empfiehlt daher die Einrichtung besonders zusammengesetzter Kammern bei den ObVersÄmtern und entsprechend zusammengesetzter Senate beim RVA. als Spruchinstanzen der Militärversorgung. „Bei der Zusammensetzung der Kammern", so heißt es in der Begründung zu dem zweiteu Leitsatz*), „ist von dem Grundsatz auszugehen, daß die Militärbehörde eine entsprechende Vertretung in ihnen finden muß, doch soll bei aller Anerkennung, die es bisher bei der Rentenfestsetzung bekundete, vermieden werden, daß das militärische Element in den Spruchkammern von vornherein die absolute Stimmenmehrheit hat; denn die Vertreter der Militärbehörde erscheinen in den Augen der Rechtsuchenden als Vertreter des Fiskus und damit als Partei im Rentenverfahren. Aus dem gleichen Grunde wurde bei den Beratungen auch abgelehnt, einen Militärarzt als Mitglied der entscheidenden Spruchkammer beizugeben, denn eine solche Zuziehung würde dazu drängen, daß auch ein bürgerlicher Arzt, gewissermaßen als Gegengutachter, in dem Spruchkollegium Platz fände. Um das Vertrauen der Kriegsbeschädigten zu den Gerichtshöfen zu heben, wurde vorgeschlagen, einen Vertreter der Rentenberechtigten als Beisitzer in den Gerichtshof aufzunehmen. Es bleibt bei diesem Vorschlag dahingestellt, ob dieser Vertreter aus den Kreisen der amtlich mit der Kriegsbeschädigtenfürsorge betrauten Hauptfürsorgeorganisationen zu benennen ist. Immerhin mag hervorgehoben werden, daß die Vertretung der Kriegsbeschädigten aus diesen Kreisen, die schon seit ungefähr zwei Jahren durchweg in enger Beziehung zu der militärischen Fürsorge für die Kriegsteilnehmer stehen und mit den Militärbehörden zusammen arbeiten, gewiß auch den berechtigten Interessen der Heeresverwaltung von vornherein mit entsprechendem Verständnis entgegenkommen werden. Außer dem Vorsitzenden der Spruchbehörde wird es notwendig sein, ein oder zwei weitere rechtskundige Beisitzer in die Spruchkammer aufzunehmen, damit sich die Vorbereitung der Sitzungssachen und die Abfassung der Entscheidungen rasch ermöglichen läßt."

Der dritte Leitsatz ist von geringerer Bedeutung. Er hat nach der Begründung**) den Fall im Auge, daß eine Militärperson, die sich während ihrer Beschäftigung in einem Betrieb eine Beschädigung zugezogen hat, keine Rente erhält, weil

*) aaO. S. 6.
**) aaO. S. 7.

die oberste Militärverwaltungsbehörde das Vorliegen einer militärischen Dienstbeschädigung verneint und den Beschädigten an die Unfallversicherung verweist, während die Instanzen der sozialen Versicherung das Vorhandensein einer solchen Dienstbeschädigung für vorliegend erachten und deshalb die Bewilligung einer Unfallrente nach den Vorschriften der RVO. ablehnen. In solchen Fällen soll einem besonders zusammengesetzten Großen Senate beim RVA. die endgültige Entscheidung übertragen werden.

Der Reichsausschuß der Kriegsbeschädigtenfürsorge hat an den erwähnten Leitsätzen dauernd festgehalten. Weite Kreise haben sich ihm angeschlossen oder sich doch bezüglich der grundlegenden Fragen auf den gleichen Standpunkt gestellt. Dies gilt namentlich von den Verbänden der Kriegsbeschädigten. Das Verlangen nach Errichtung von Spruchbehörden, die unter Mitwirkung Versorgungsberechtigter (Kriegsbeschädigter) über alle, insbesondere auch über die bisher dem Kollegium innerhalb der obersten Militärverwaltungsbehörde vorbehaltenen Fragen zu entscheiden hätten und vor denen die Rechtsuchenden persönlich erscheinen oder sich vertreten lassen könnten, herrschte schließlich allgemein. Vor allem nahm der Reichstag gelegentlich der Verhandlungen über den allgemeinen Pensionsfonds am 22. VI. 1918 (vgl. StenBer. S. 5565ff.) den gleichen Standpunkt ein. Zu einer Beschlußfassung ist es damals allerdings nicht gekommen. Die Redner fast aller Parteien (des Zentrums, der Sozialdemokraten, der Nationalliberalen, der Konservativen und der Deutschen Fraktion) haben sich aber in dem erwähnten Sinne ausgesprochen und sind einmütig für eine Angliederung des Verfahrens in Militärversorgungssachen an das Verfahren in der Sozialversicherung eingetreten. Bei diesen Verhandlungen wurde die bestimmte Erwartung ausgesprochen, daß dem Reichstag spätestens im Herbste 1918 die ihm in Aussicht gestellte Vorlage über die Änderung der Militärversorgungsgesetze, durch die auch das Verfahren zu ändern sei, zugehen werde.

Zu einer solchen allgemeinen Vorlage ist es jedoch nicht mehr gekommen. Sie ist der Gesetzgebung des neuen Deutschen Reichs vorbehalten geblieben. Die beiden wichtigsten Punkte, nämlich die Erhöhung der Gebührnisse für die Personen der Unterklassen*) und die Änderung des Verfahrens aller drei Gesetze, duldeten jedoch

*) Den Witwen und Waisen der Unterklassen waren bereits durch die VO. des Kriegsministeriums vom 7. VIII. 1918 (AVBl. S. 457) Zuschläge zu den Kriegsversorgungsgebührnissen gewährt worden, und zwar teils als Pflichtleistungen teils als freiwillige Leistungen. Demnächst haben alle Hinterbliebenen von Militärpersonen der Unterklassen zu ihren laufenden Bezügen eine einmalige Teuerungszulage erhalten (VO. der Reichsregierung vom 22. I. 19, RGBl. S. 123).

keinen Aufschub. Die Reichsregierung (Rat der Volksbeauftragten) hat daher diese beiden Angelegenheiten durch besondere Verordnungen vorweg geregelt. Zunächst sind durch die VO., betreffend Maßnahmen zur Besserung der Lage versorgungsberechtigter Militärpersonen der Unterklassen, vom 31. XII. 1918 (RGBl. 1919 S. 2) Vorschriften über die Gewährung einer einmaligen Teuerungszulage sowie über Rentenzuschläge und Zuwendungen an Stelle gesetzlich nicht zuständiger Verstümmelungszulagen getroffen. Demnächst ist das Verfahren durch die

Verordnung über Änderung des Verfahrens in Militärversorgungssachen vom 1. II. 1919 (RGBl. S. 149)

bis auf weiteres, d. h. bis zu einer endgültigen Regelung durch die künftigen Organe der Gesetzgebung, neu geregelt worden. Diese VO. ist nach ihrem Art. IV Nr. 1 am 1. März 1919 in Kraft getreten. Sie ist auf S. 40ff. abgedruckt.

C. Künftiges Recht.

Die VO. über Änderung des Verfahrens in Militärversorgungssachen hat die im Reichstag, im Reichsausschusse der Kriegsbeschädigtenfürsorge und anderweit in der Öffentlichkeit geäußerten Wünsche nach Möglichkeit berücksichtigt. Das Verfahren zerfällt nach der VO. wie bisher in ein Verwaltungsverfahren und ein gerichtliches Verfahren. Der Abschluß des Verwaltungsverfahrens bildet die Voraussetzung für das gerichtliche Verfahren. Das Verwaltungsverfahren spielt sich auch in Zukunft, soweit es sich um die Feststellung der Versorgungsgebührnisse handelt, vor den Militärverwaltungsbehörden und, soweit die Regelung des Bezugs dieser Gebührnisse in Frage kommt, vor den Pensionsregelungsbehörden ab, gegen deren Entscheidung der Einspruch an die oberste Militärverwaltungsbehörde gegeben ist (Ausführungsbestimmungen des Staatenausschusses vom 27. II. 19 zur VO. über Änderung des Verfahrens in Militärversorgungssachen, RGBl. S. 251)*). Insoweit ist also, abgesehen von der Ausgestaltung des Verfahrens im einzelnen, keine Änderung eingetreten. Anders verhält es sich mit dem gerichtlichen Verfahren. Dieses besteht entweder in dem Spruchverfahren vor den Spruchbehörden der Militärversorgung (Militärversorgungsgerichten, Reichs-Militärversorgungsgericht) oder in dem ordentlichen Rechtsweg, je nachdem, ob es sich um die Feststellung der Gebührnisse oder um die Regelung ihres Bezugs

*) Die Bestimmungen des Bundesrats vom 19. VI. 1906 zur Ausführung des MVG. (ZBl. S. 662) und des OPG. (ZBl. S. 659) sind durch diese Ausführungsbestimmungen des Staatenausschusses abgeändert und durch Zufügung von Bestimmungen zur Ausführung des MHG. ergänzt worden (vgl. S. 21).

handelt (Art. I Nr. 3 der VO. vom 1. II. 1919). Der ordentliche Rechtsweg ist also nur noch für Regelungssachen zulässig. Für die Verfolgung von Ansprüchen auf Feststellung von Versorgungsgebührnissen ist dagegen an die Stelle des ordentlichen Rechtswegs ein besonderes Spruchverfahren getreten.

Äußerlich ist die VO. folgendermaßen angeordnet:

Art. I stellt die eigentliche Novelle zu den Militärversorgungsgesetzen dar, deren Vorschriften, soweit sie von der Änderung betroffen werden, hier in ihrer neuen Fassung wiedergegeben sind. Zu den Änderungen gehört nach Art. I Nr. 3 vor allem die Neueinführung des erwähnten Spruchverfahrens.

Art. II bildet die Ausführung dieses Art. I Nr. 3. Er enthält jedoch nur die grundlegenden Vorschriften über das Spruchverfahren. Der Erlaß der näheren Bestimmungen ist dem Staatssekretär des Reichsarbeitsamts — jetzt Reichsarbeitsminister — übertragen worden (Art. II § 22 Abs. 1). Dieser hat die Bestimmungen unter dem 18. II. 1919 erlassen*).

Art. III enthält eine Novelle zur RVO. (Beiladung und Verurteilung des Militärfiskus in dem Unfallentschädigungsverfahren), die als Gegenstück zu der Vorschrift des Art. II § 13 der VO. (Beiladung und Verurteilung des Trägers der Unfallversicherung in dem Militärversorgungsverfahren) erforderlich war.

Art. IV endlich regelt das Inkrafttreten der VO. und den Übergang zum neuen Rechte.

I. Verwaltungsverfahren.

1. Feststellung der Gebührnisse.

Das Verfahren, in welchem die Versorgungsgebührnisse festgestellt werden, ist an sich in seiner bisherigen Form beibehalten worden. Insbesondere hat die VO. vom 1. II. 1919 an den oben (S. 2) wiedergegebenen Vorschriften der §§ 27, 28, 30 MVG. nichts geändert. Der § 27 MVG. schreibt vor, welche Behörde die Versorgungsgebührnisse festzustellen und anzuweisen hat (Feststellungsbehörde). Durch die Feststellung der Gebührnisse entscheidet die Militärverwaltung darüber, welche Leistungen im Einzelfalle dem Berechtigten gebühren. Die Feststellung umfaßt auch die Ablehnung des Anspruchs. Der § 28 MVG. handelt von dem Ermittlungsverfahren und der Bescheiderteilung. Auf dem Gebiete des MVG. hängt die Höhe der Versorgung in der Mehrzahl der Fälle von

*) Bestimmungen über die Militärversorgungsgerichte und das Reichs-Militärversorgungsgericht sowie über das Verfahren vor ihnen vom 18. II. 1919 (RGBl. S. 217).

dem Grade der Erwerbsunfähigkeit des Berechtigten ab. Die wichtigsten Grundsätze für die Feststellung des Grades der Erwerbsunfähigkeit enthält der § 28 Abs. 1. Der Abs. 2 daselbst schreibt die schriftliche Mitteilung der Entscheidung (Bescheiderteilung) vor. Der § 30 MVG. endlich behandelt die andere Festsetzung oder die Entziehung der Versorgungsgebührnisse wegen wesentlicher Veränderung der Verhältnisse, die für ihre Bewilligung maßgebend gewesen sind. Alle diese Vorschriften finden nach den §§ 49 und 63 MVG. auf die Marine und die Schutztruppen entsprechende Anwendung. Die dem § 27 MVG. entsprechenden Vorschriften des § 19 OPG. (oben S. 5) und des § 28 MHG. (S. 7) sind ebenfalls unverändert geblieben. Die Vorschriften der §§ 28, 30 MVG. kommen dort nicht in Betracht.

Wesentliche Änderungen haben dagegen nach Art. I Nr. 1 der VO. die Vorschriften der §§ 29 und 31 MVG. erfahren, die nach Art. I Nr. 2 für den Bereich des OPG. und des MHG. entsprechende Anwendung finden. In seiner neuen Fassung lautet der

§ 29 (MVG).

Gegen den Bescheid einer niederen Behörde ist Einspruch an die zuständige übergeordnete Behörde, an letzter Stelle an die oberste Militärverwaltungsbehörde des Kontingents, zulässig. Die oberste Militärverwaltungsbehörde des Kontingents kann den Einspruch gegen Bescheide der höheren Militärverwaltungsbehörde ausschließen.

Der Einspruch muß bis zum Ablauf von einem Monat nach der Zustellung des Bescheids eingelegt werden; bei Zustellung außerhalb Europas beträgt die Frist drei Monate. Der Einspruch ist bei der durch die oberste Militärverwaltungsbehörde des Kontingents bestimmten Behörde einzulegen. Die Fristen gelten auch dann als gewahrt, wenn er rechtzeitig bei einer anderen deutschen amtlichen Stelle oder bei einem Träger der Reichsversicherung eingegangen ist. Die Fristen gelten ferner als gewahrt, wenn der Berechtigte an ihrer Einhaltung durch Naturereignisse oder andere unabwendbare Zufälle behindert worden und der Einspruch bis zum Ablauf von einem Monat nach dem Wegfall des Hindernisses eingegangen ist.

Die Bescheide sind in rechtlicher und tatsächlicher Beziehung zu begründen. Werden Versorgungsgebührnisse festgestellt, so muß der Bescheid ihre Höhe und die Art der Berechnung ersehen lassen.

In dem Bescheide muß auf den zulässigen Rechtsbehelf (Einspruch an die zuständige übergeordnete Behörde, Berufung an das Militärversorgungsgericht) und auf die für ihn vorgesehene Frist hingewiesen werden.

Für das geschäftliche Verfahren sind die von der obersten Militärverwaltungsbehörde des Kontingents zu erlassenden Bestimmungen maßgebend. Die oberste Militärverwaltungsbehörde bestimmt auch die Form für die Zustellung der Bescheide.

Die Vorschriften der Abs. 2 bis 4 finden auf die Bescheide im Pensionsregelungsverfahren entsprechende Anwendung.

Der § 29 MVG. regelt den für das Feststellungsverfahren geltenden Instanzenzug — das Einspruchsverfahren — (Abs. 1, 2) und gibt zugleich Vorschriften über den Inhalt (Abs. 3, 4) und die Zustellung (Abs. 5 Satz 2) der Bescheide. Die Regelung des geschäftlichen Verfahrens wird der obersten Militärverwaltungsbehörde überlassen (Abs. 5 Satz 1). Die Vorschriften über die Einspruchsfrist und den Inhalt der Bescheide (Abs. 2 bis 4) gelten nicht nur für die Feststellung der Gebührnisse, sondern auch für die Regelung ihres Bezugs (Abs. 6); vgl. hierüber unten S. 22, 23.

Nach § 29 Abs. 1 Satz 1 MVG. steht dem Berechtigten grundsätzlich wie bisher (vgl. die frühere Fassung S. 2) der Einspruch gegen den Feststellungsbescheid bis an die oberste Militärverwaltungsbehörde zu. Der Einspruch kann in beliebiger Form eingelegt werden. Es genügt, wenn der Berechtigte in einer Eingabe seine Unzufriedenheit mit dem Bescheide zu erkennen gibt. Der Einspruch hat die Wirkung, daß die übergeordnete Behörde zu dem Anspruch in sachlicher und rechtlicher Beziehung Stellung nehmen muß. Aufschiebende Wirkung hat der Einspruch aber nicht. Der Inhalt des Bescheids, zB. die Minderung einer Rente, wird vielmehr vorläufig ausgeführt, bis die übergeordnete Behörde ihn abändert oder aufhebt. Von einschneidender Bedeutung ist die neue Vorschrift des Abs. 1 Satz 2, wonach die oberste Militärverwaltungsbehörde den Einspruch gegen den Bescheid der höheren Militärverwaltungsbehörde ausschließen kann. Macht sie hiervon Gebrauch, so entscheidet die höhere Militärverwaltungsbehörde im Verwaltungsverfahren an letzter Stelle, so daß ihre Bescheide nur noch im Spruchverfahren angefochten werden können. Die oberste Militärverwaltungsbehörde scheidet in diesem Falle für das Feststellungsverfahren aus*).

Soweit der Einspruch zulässig ist, ist zur Beschleunigung des Verfahrens die Frist für seine Einlegung auf einen Monat herabgesetzt worden (§ 29 Abs. 2, 6 MVG.). Dies gilt nicht nur für die bisherige dreimonatige Einspruchsfrist, sondern auch für die sechsmonatigen Einspruchsfristen des OPG. und des MHG. sowie endlich auch für die bisher unbefristeten Einsprüche im Regelungsverfahren (unten S. 23). Nur bei Zustellung des Bescheids außerhalb Europas ist die Frist auf drei Monate bemessen worden. Die Bestimmung der Stelle, bei welcher der Einspruch einzulegen ist, ist der obersten Militärverwaltungsbehörde überlassen worden.

*) Für den Bereich des preußischen Heereskontingents ist der Einspruch gegen Bescheide der höheren Militärverwaltungsbehörde (Versorgungsamt) ausgeschlossen worden (Nr. 2 und 4 der Ausführungsbestimmungen des Kriegsministeriums vom 27. II. 19 zur VO. über Änderung des Verfahrens in Militärversorgungssachen, AVBl. S. 172).

Die Pensionierungsvorschriften enthielten darüber bisher schon nähere Bestimmungen. Die VO. enthält jedoch ihrerseits Vorschriften über die Wahrung der Einspruchsfrist, die zum Schutze unerfahrener nnd an der Einhaltung der Frist behinderter Personen dienen sollen. Sie finden sich zum Teil ebenfalls bereits in den Pensionierungsvorschriften, lehnen sich in der VO. aber mehr an die Vorschriften der RVO. über die Wahrung der Rechtsmittelfristen (§ 129 Abs. 2 RVO.) und die Wiedereinsetzung in den vorigen Stand gegen die Versäumung solcher Fristen (§ 131 Abs. 1 RVO.) an. Einer Wiedereinsetzung bedarf es jedoch nach dem § 29 Abs. 2 Satz 4 MVG. nicht; die Frist gilt vielmehr in den in Frage kommenden Fällen (Behinderung durch Naturereignisse oder andere unabwendbare Zufälle) ohne weiteres als gewahrt: Ist der Einspruch an sich verspätet, so ist es Sache des Berechtigten, einen Grund für die Wahrung der Frist nach der bezeichneten Vorschrift geltend zu machen. Andernfalls ist die Annahme gerechtfertigt, daß solche Gründe nicht vorliegen.

Sämtliche Bescheide sind, wie jetzt ausdrücklich vorgeschrieben ist (§ 29 Abs. 3 Satz 1 MVG.), zu begründen, und zwar sowohl in rechtlicher wie in tatsächlicher Beziehung. Dies gilt sowohl für den Bescheid der an erster Stelle entscheidenden Behörde, wie auch für den auf Einspruch oder weiteren Einspruch ergehenden Bescheid der höheren oder obersten Militärverwaltungsbehörde. Eine scharfe Trennung zwischen dem entscheidenden Teile des Bescheids (der Entscheidungsformel) und den Entscheidungsgründen ist nicht vorgeschrieben, aber zweckmäßig. In den Gründen sind die Erwägungen, die zu der Entscheidung geführt haben, so ausführlich darzulegen, daß deren Nachprüfung dem Berechtigten in tatsächlicher und in rechtlicher Beziehung möglich ist. Dies gilt namentlich auch für solche Fragen, über die bisher ein innerhalb der obersten Militärverwaltungsbehörde gebildetes Kollegium endgültig zu entscheiden hatte, ohne daß dem Antragsteller die Gründe mitzuteilen waren. Wird also zB. das Vorliegen einer Dienstbeschädigung verneint, so ist darzulegen, weshalb eine solche nicht anzunehmen ist. Anerkennende Bescheide müssen den Grund der Versorgung (Dienstbeschädigung, Dienstzeit) sowie nach Abs. 3 Satz 2 die Höhe der Versorgungsgebührnisse und die Art ihrer Berechnung, wozu auch der Grad der Erwerbsunfähigkeit gehört, erkennen lassen. Zulagen sind einzeln mit den in Betracht kommenden Beträgen aufzuführen.

Nach § 29 Abs. 4 MVG. muß in jedem Bescheid angegeben werden, welcher Rechtsbehelf gegen ihn zulässig und welche Frist dafür vorgesehen ist. Hierdurch soll verhindert werden, daß der

Berechtigte es lediglich aus Unerfahrenheit unterläßt, seinen Anspruch weiter zu verfolgen. Die zulässigen Rechtsbehelfe ergeben sich aus § 29 Abs. 1 MVG. (Einspruch an die zuständige übergeordnete Behörde) und § 42 Abs. 1 MVG. in Verb. mit Art. II § 8 der VO. vom 1. II. 1919 (Berufung an das Militärversorgungsgericht). Die Frist beträgt stets einen Monat.

Der § 29 Abs. 5 MVG. entspricht dem bisherigen Rechte. Die im Satz 1 der obersten Militärverwaltungsbehörde des Kontingents vorbehaltenen Bestimmungen über das geschäftliche Verfahren finden sich in den verschiedenen Pensionierungsvorschriften, die nach den Ausführungsbestimmungen der obersten Militärverwaltungsbehörden zu den Militärversorgungsgesetzen*) dafür maßgebend sind (vgl. oben S. 1). Nach Anlage 16 der preußischen Pensionierungsvorschrift gelten deren Bestimmungen auch für die Schutztruppen. Die Form für die Zustellung der Bescheide (§ 29 Abs. 5 Satz 2) ist ebenfalls in den Ausführungsbestimmungen und den Pensionierungsvorschriften geregelt.

Außer dem § 29 ist, wie bereits erwähnt, der § 31 MVG. durch die VO. vom 1. II. 1919 wesentlich geändert worden. Nach dem früheren Rechte wurde ein Bescheid, gegen den der Berechtigte nicht rechtzeitig Einspruch einlegte, für ihn zwar unanfechtbar, die Militärbehörde dagegen konnte den Bescheid jederzeit zugunsten wie zuungunsten des Berechtigten abändern, wenn sie die Voraussetzungen des Bescheids in tatsächlicher oder in rechtlicher Beziehung nachträglich aus irgend einem Grunde für nicht zutreffend erachtete (vgl. die frühere Fassung des § 31 MVG. oben S. 2 und dazu die Ausführungen S. 3 bis 7). Das gleiche galt von einem Bescheide der obersten Militärverwaltungsbehörde, der auf Einspruch des Berechtigten ergangen war, sofern dieser es unterließ, den für ihn mit den Beschränkungen des § 43 MVG., § 40 OPG., § 36 MHG. zugelassenen Klageweg zu beschreiten. Eine Rechtskraft der Bescheide gab es somit nicht. Hierin hat die VO. vom 1. II. 1919 Wandel geschaffen. Nach ihr lautet der § 31, der nach Art. I Nr. 2 der VO. für den Bereich des OPG. und des MHG. entsprechend gilt, nunmehr:

§ 31 (MVG).

Die Feststellungsbescheide werden gegenüber dem Militärfiskus mit der Zustellung, gegenüber dem Berechtigten mit Ablauf der Einspruchsfrist oder der Berufungsfrist rechtskräftig.

---

*) Von den obersten Militärverwaltungsbehörden sind auch zu der VO. vom 1. II. 1919 Ausführungsbestimmungen erlassen worden, durch welche die früheren Ausführungsbestimmungen ergänzt werden (für Preußen vgl. die Fußnote S. 16). Die Pensionierungsvorschriften sind dem neuen Verfahren ebenfalls anzupassen.

Nach Rechtskraft des Bescheids findet die Wiederaufnahme des Feststellungsverfahrens auf Antrag oder von Amts wegen statt, wenn

1. eine Urkunde, auf die sich der Bescheid stützt, fälschlich angefertigt oder verfälscht war,
2. der Gegner oder sein Vertreter den Bescheid durch Betrug erwirkt hat,
3. die Partei eine zur Zeit des Erlasses des Bescheids bereits vorhandene Urkunde, die eine ihr günstigere Entscheidung herbeigeführt haben würde, nachträglich auffindet oder zu benutzen instand gesetzt wird.

Die Wiederaufnahme ist nur zulässig, wenn die Partei ohne ihr Verschulden außerstande war, den Anfechtungsgrund in dem früheren Verfahren, insbesondere durch Einspruch oder Berufung, geltend zu machen.

In den Fällen des Abs. 2 Nr. 1, 2 ist die Wiederaufnahme ferner nur dann zulässig, wenn

1. wegen der strafbaren Handlung eine rechtskräftige strafgerichtliche Verurteilung ergangen ist oder
2. ein gerichtliches Strafverfahren aus anderen Gründen als wegen Mangels an Beweis nicht eingeleitet oder nicht durchgeführt werden konnte.

Der Berechtigte hat die neue Prüfung binnen einem Monat, bei Aufenthalt außerhalb Europas binnen drei Monaten nach Kenntnis des Anfechtungsgrundes zu beantragen. Nimmt die Feststellungsbehörde von Amts wegen das Verfahren wieder auf, so hat sie innerhalb der gleichen Frist die neue Prüfung einzuleiten. Der Antrag und die Einleitung der neuen Prüfung von Amts wegen sind nach Ablauf von fünf Jahren vom Tage der Rechtskraft des Bescheids an unzulässig. Für die Antragstellung und die Fristen finden die Vorschriften des § 29 Abs. 2 Satz 2 bis 4 entsprechende Anwendung.

Zugunsten des Berechtigten kann die Feststellungsbehörde jederzeit einen neuen Bescheid erteilen.

Nach dem § 31 Abs. 1 MVG. sind in Zukunft Feststellungsbescheide genau wie gerichtliche Urteile der Rechtskraft fähig, und zwar werden sie dem Militärfiskus gegenüber, da diesem ein Recht zur Einlegung des Einspruchs oder der Berufung nicht zusteht, unmittelbar mit ihrer Zustellung rechtskräftig (relative Rechtskraft des Bescheids), während die Rechtskraft dem Berechtigten gegenüber mit dem Ablauf der Einspruchs- oder der Berufungsfrist eintritt.

Eine Anfechtung rechtskräftiger Bescheide findet nur im Wege der Wiederaufnahme des Verfahrens statt. Dies entspricht der für die Bescheide der Versicherungsträger geltenden Vorschrift des § 1744 in Verb. mit den §§ 1723 bis 1734 RVO., an die sich auch die weiteren Vorschriften des § 31 MVG. anlehnen. Die Wiederaufnahmegründe sind in der VO. auf das Notwendigste beschränkt worden. Als Gründe zur Wiederaufnahme des Verfahrens gelten nach § 31 Abs. 2 MVG. nur Urkundenfälschung und Betrug (crimina) sowie die nachträgliche Auffindung oder Benutzbarkeit einer Urkunde (noviter reperta). Zur Behebung von Zweifeln wird in der VO. ausdrücklich gesagt, daß die Urkunde zur Zeit des Erlasses des Bescheids bereits vorhanden gewesen sein müsse, so daß also ihre damalige Nichtberücksichtigung der Partei gegenüber objektiv ein Unrecht bedeutet. In allen Fällen ist die Wiederaufnahme des Verfahrens aber nur dann zulässig, wenn die Partei es nicht schuldhafterweise versäumt hat, den Anfechtungsgrund schon in dem früheren Verfahren geltend zu machen (§ 31 Abs. 3 MVG.). In den Fällen der Urkundenfälschung und des Betrugs ist sie ferner in der Regel an die Voraussetzung geknüpft, daß wegen der strafbaren Handlung eine rechtskräftige strafgerichtliche Verurteilung ergangen ist (Abs. 4). Es genügt also zB. nicht, daß ein Rentenempfänger in dem früheren Verfahren falsche Angaben gemacht hat, sondern es muß durch seine strafgerichtliche Verurteilung festgestellt sein, daß er die Rente durch Betrug erwirkt hat. Sind die Voraussetzungen für die Wiederaufnahme des Verfahrens erfüllt, so kann der Berechtigte verlangen, daß die Stelle, deren Entscheidung er anficht, den Fall nochmals prüft und ihm einen neuen Bescheid erteilt, gegen den ihm dann abermals der Einspruch oder die Berufung zusteht. Unter den gleichen Voraussetzungen hat die Behörde, die den Bescheid erteilt hat, das Recht, von ihm wieder abzugehen und einen neuen Bescheid zu erteilen. Der Antrag auf Wiederaufnahme des Verfahrens und deren Einleitung von Amts wegen sind jedoch nach § 31 Abs. 5 MVG. an die gleichen Fristen geknüpft, wie sie nach § 29 Abs. 2 für den Einspruch gelten, und sind nach Ablauf von fünf Jahren seit der Rechtskraft des Bescheids überhaupt nicht mehr zulässig. Für die Antragstellung und die Wahrung der Fristen gelten die Vorschriften über die Einlegung des Einspruchs und die Wahrung der Einspruchsfrist entsprechend.

Durch die Vorschrift des § 31 Abs. 6 MVG. ist Vorsorge dafür getroffen, daß eine Verschlechterung der Rechtslage des Berechtigten infolge der neuen Fassung nicht eintreten kann. Eine solche könnte nämlich insofern stattfinden, als die Militärverwaltungsbehörden bisher auch verspätete Einsprüche sachlich zu prüfen pflegten, so daß der Berechtigte nur seines Klagerechts nach dem früheren § 42 MVG., § 39 OPG., § 35 MHG. verlustig ging. Der Abs. 6 des § 31 MVG. gibt daher der Feststellungsbehörde das Recht, zugunsten des Berechtigten jederzeit einen neuen Bescheid zu erteilen (freiwillige Wiederaufnahme des Verfahrens). Dies entspricht dem § 619 RVO. und der Rechtsübung in der Unfallversicherung.

Abgesehen von der vorstehend erörterten Änderung der §§ 29, 31 MVG. ist für das Verwaltungsverfahren auch die Vorschrift des Art. I Nr. 4 der VO. vom 1. II. 1919 von außerordentlicher Bedeutung. Durch sie sind die sämtlichen Vorschriften der Militärversorgungsgesetze über die Endgültigkeit gewisser Entscheidungen der obersten Militärverwaltungsbehörden beseitigt. Damit kommt das aus drei Offizieren oder Beamten der Militärverwaltung gebildete Kollegium, das in diesen Fällen innerhalb der obersten Militärverwaltungsbehörde zu entscheiden hatte, als gesetzliche Einrichtung in Wegfall. Die VO. geht in dieser Beziehung über die Wünsche des Reichsausschusses der Kriegsbeschädigtenfürsorge (vgl. oben S. 9, Leitsatz Nr. 1) noch hinaus, indem sie die Endgültigkeit der erwähnten Entscheidungen ohne Ausnahme, also namentlich auch für die Frage der Berechtigung zum Zivilversorgungsscheine, beseitigt hat.

2. Regelung des Bezugs der Gebührnisse.

In den Militärversorgungsgesetzen war bisher über das Verfahren, in welchem die Regelung des Bezugs der Versorgungsgebührnisse stattzufinden hat, nichts vorgeschrieben. Vorschriften hierüber waren vielmehr lediglich in den auf Grund des Art. 7 Nr. 2 der Reichsverfassung erlassenen Ausführungsbestimmungen des Bundesrats vom 19. VI. 1906 zum MVG. (ZBl. S. 662) und zum OPG. (ZBl. S. 659) enthalten. Die Regelung liegt danach den sogenannten Pensionsregelungsbehörden ob. Unter Nr. 3 Abs. 1 der Ausführungsbestimmungen zum MVG. heißt es darüber:

Zu §§ 22, 33 bis 38.

3. Bei Rückzahlung von Versorgungsgebührnissen oder beim Erlöschen, Ruhen oder Wiederaufleben des Rechtes auf deren Bezug erfolgt die Regelung durch die Behörden, welche von den Bundesstaaten hierzu bestimmt sind oder hierzu bestimmt werden (Pensionsregelungsbehörden).

Eine entsprechende Vorschrift findet sich unter Nr. 1 Abs. 1 der Ausführungsbestimmungen zum OPG.

Ein Verzeichnis der Pensionsregelungsbehörden für preußische Empfangsberechtigte ist in der Anlage 11 zur Pensionierungsvorschrift für das Preußische Heer enthalten. Pensionsregelungsbehörden sind danach im allgemeinen die Regierungen (beim Aufenthalt in Baden die Intendantur des XIV. Armeekorps). Für Sachsen und Württemberg sind die Korpsintendanturen, für Bayern das Kriegsministerium in München Pensionsregelungsbehörden.

Gegen den Bescheid der Pensionsregelungsbehörde ist nach den Bundesrats-VOn. der Einspruch an die oberste Militärverwaltungsbehörde zulässig, sofern diese nicht schon als Pensionsregelungsbehörde entschieden hat.

Die VO. vom 1. II. 1919 hat an alledem nichts geändert. Neu ist aber die Vorschrift des § 29 Abs. 6 MVG. (oben S. 15), nach welcher die Vorschriften der Abs. 2 bis 4 des § 29 auf die Bescheide im Pensionsregelungsverfahren entsprechende Anwendung finden. Danach gelten nunmehr auch für diese Bescheide die Vorschriften über die Einspruchsfristen und ihre Wahrung (Abs. 2) sowie über den Inhalt der Bescheide (Abs. 3, 4). Mit Rücksicht hierauf mußten die erwähnten Ausführungsbestimmungen des Bundesrats geändert werden. Dies ist geschehen durch die Ausführungsbestimmungen des Staatenausschusses vom 27. II. 1919 zur VO. über Änderung des Verfahrens in Militärversorgungssachen (RGBl. S. 251). Sie enthalten Bestimmungen über die Bescheiderteilung und das Einspruchsverfahren, die den neuen Vorschriften angepaßt sind. Zugleich sind in ihnen Bestimmungen zur Ausführung des MHG. getroffen, für dessen Bereich der Bundesrat über die Regelung des Bezugs der Gebührnisse nichts bestimmt hatte. Die Zuständigkeit der Pensionsregelungsbehörden ist für alle drei Militärversorgungsgesetze allgemein auf alle Fälle erstreckt worden, in denen zwischen dem Berechtigten und dem Militärfiskus über die Zahlung der Gebührnisse Streit besteht. Dies entspricht der bisherigen Übung.

Für das Verfahren ist folgendes von wesentlicher Bedeutung:

a) Während der Einspruch in Regelungssachen bisher an keine Frist gebunden war, gilt jetzt für ihn die einmonatige, bei Zustellung außerhalb Europas die dreimonatige Ausschlußfrist des § 29 Abs. 2 Satz 1 MVG. Nach den Ausführungsbestimmungen des Staatenausschusses ist der Einspruch — soweit es sich um Personen handelt, die im Zivildienst angestellt oder beschäftigt sind, durch Vermittlung ihrer vorgesetzten Dienstbehörde — bei der Pensionsregelungsbehörde anzubringen und von dieser mit Begutachtung der obersten Militärverwaltungsbehörde zur Entscheidung vorzulegen. Für die Wahrung der Einspruchsfrist gilt § 29 Abs. 2 Satz 3 und 4 MVG.

b) Die Bescheide sind zu begründen (§ 29 Abs. 3 MVG.), d. h. sie müssen die Grundsätze der Regelung und ihre Anwendbarkeit auf den vorliegenden Fall erkennbar machen. Dies gilt nicht nur für die Bescheide der Pensionsregelungsbehörden selbst, sondern auch für die auf Einspruch ergehenden Bescheide der obersten Militärverwaltungsbehörden („Bescheide im Pensionsregelungsverfahren“).

c) In dem Bescheide muß auf den zulässigen Rechtsbehelf und die für ihn vorgesehene Frist hingewiesen werden (§ 29 Abs. 4

MVG.). In dem Bescheide der Pensionsregelungsbehörde ist daher auf das nach den Ausführungsbestimmungen des Staatenausschusses gegebene Recht zum Einspruch an die oberste Militärverwaltungsbehörde und die jetzt nach § 29 Abs. 2, 6 MVG. dafür vorgeschriebene einmonatige Frist, in dem auf Einspruch ergehenden Bescheide der obersten Militärverwaltungsbehörde dagegen auf das nach § 42 Abs. 2 MVG., § 39 Abs. 2 OPG., § 35 Abs. 2 MHG. gegebene Recht zur Klage im ordentlichen Rechtsweg und die dafür vorgeschriebene sechsmonatige Frist hinzuweisen.

II. Gerichtliches Verfahren.

1. Spruchverfahren der Militärversorgung.

Das gerichtliche Verfahren zerfällt nach den gleichlautenden §42 MVG., §39 OPG., §35 MHG. (vgl. Art. I Nr. 3 der VO. vom I. II. 19) in das Spruchverfahren der Militärversorgung und den ordentlichen Rechtsweg. Über das Spruchverfahren ist daselbst im Abs. 1 vorgeschrieben:

> Gegen die Bescheide der Behörden, die im Verwaltungsverfahren über Ansprüche auf Feststellung von Versorgungsgebührnissen aus diesem Gesetz an letzter Stelle entscheiden, ist der Rechtszug im Spruchverfahren der Militärversorgung zulässig.

Die Zulässigkeit des Spruchverfahrens ist hiernach in doppelter Beziehung begrenzt: es muß sich einerseits um „Ansprüche" auf Versorgungsgebührnisse aus den Militärversorgungsgesetzen, anderseits um die „Feststellung" solcher Gebührnisse handeln. Zu den Versorgungsgebührnissen gehören alle Arten von Leistungen nach den Militärversorgungsgesetzen, auch solche, die nicht in Geld bestehen (Zivilversorgungsschein, Anstellungsschein). Das Spruchverfahren setzt aber voraus, daß ein Anspruch auf diese Leistungen besteht. Im Gegensatze zu den Gebührnissen, auf die ein Anspruch gegeben ist, stehen die freiwilligen Leistungen, die in großer Zahl in den Militärversorgungsgesetzen zugelassen sind (Kannbezüge). Die freiwilligen Leistungen sind dem Spruchverfahren entzogen. Ihre Bewilligung unterliegt dem pflichtmäßigen Ermessen der Militärverwaltungsbehörden. Das Spruchverfahren setzt, wie erwähnt, ferner voraus, daß es sich um die Feststellung der Gebührnisse handelt. Die „Feststellung" der Gebührnisse steht im Gegensatze zu der Regelung ihres Bezugs. Über diese haben nach den Abs. 2 bis 4 der vorerwähnten Paragraphen im Streitfall die ordentlichen Gerichte zu entscheiden (vgl. unten S. 36). Im übrigen ist das Spruchverfahren erst zulässig, nachdem das Verwaltungsverfahren abgeschlossen ist. Es muß also ein Bescheid der in diesem Verfahren an letzter Stelle entscheidenden Behörde, d. h. der obersten Militärverwaltungsbehörde oder bei Ausschluß des Einspruchs nach § 29 Abs. 1 Satz 2 MVG. der höheren Militärverwaltungsbehörde, vorliegen.

Das Spruchverfahren ist in den 22 Paragraphen des Art. II der VO. vom 1. II. 1919 in seinen Grundzügen geregelt. Zunächst werden Vorschriften über die Verfassung der Spruchbehörden und sodann vom § 9 ab die eigentlichen Verfahrensvorschriften gegeben.

Spruchbehörden der Militärversorgung sind nach Art. II § 1 der VO.*) die Militärversorgungsgerichte und das Reichs-Militärversorgungsgericht oder für Bayern das Landes-Militärversorgungsgericht.

Der § 2 behandelt die Errichtung und die Leitung der Militärversorgungsgerichte. Die entsprechenden Vorschriften für das Reichs-Militärversorgungsgericht finden sich im § 4. Danach werden die Militärversorgungsgerichte bei den ObVersÄmtern und das Reichs-Militärversorgungsgericht bei dem RVA. errichtet. Von den ObVersÄmtern kommen, wie sich aus der Heranziehung des § 62 RVO. ergibt, nur die allgemeinen in Betracht, deren Zuständigkeit lediglich örtlich abgegrenzt ist, während die besonderen ObVersÄmter des § 63 RVO., die für bestimmte Betriebe und Betriebsgruppen errichtet werden können, ausscheiden. Staatsrechtlich teilen die bezeichneten Gerichte die Stellung der Versicherungsbehörde, der sie angegliedert werden. Die Militärversorgungsgerichte sind demgemäß wie die ObVersÄmter Landesbehörden, während das Reichs-Militärversorgungsgericht wie das RVA. eine Reichsbehörde ist. Nach § 2 Abs. 1 Satz 2 kann für den Bezirk mehrerer benachbarter ObVersÄmter bei einem von ihnen ein gemeinsames Militärversorgungsgericht errichtet werden. Benachbart sind zunächst zwei aneinander grenzende ObVersÄmter. Mehrere ObVersÄmter sind aber auch dann benachbart, wenn eines von ihnen an die übrigen angrenzt, wenn diese selbst auch nicht aneinander grenzen. Bei der Errichtung eines gemeinsamen Militärversorgungsgerichts wird indessen Bedacht darauf zu nehmen sein, daß das Gericht von allen Teilen seines Bezirkes aus unschwer zu erreichen ist. Die Errichtung eines gemeinsamen Militärversorgungsgerichts ist Sache des Bundestaats, dem die ObVersÄmter angehören. Bei Beteiligung mehrerer Bundesstaaten bedarf es eines Staatsvertrags. An die Stelle des Reichs-Militärversorgungsgerichts kann nach § 8 für Angehörige des bayerischen Kontingents ein Landes-Militärversorgungsgericht treten; vgl. darüber S. 34, 35.

*) Die einzelnen Paragraphen des Art. II der VO. vom 1. II. 1919 sind im nachfolgenden ohne weiteren Zusatz angeführt.

Die Leitung der Militärversorgungsgerichte und des Reichs-Militärversorgungsgerichts liegt nach den weiteren Vorschriften der §§ 2 und 4 in der Hand des Vorsitzenden der Versicherungsbehörde, der sie angegliedert sind. Dies ist bei den als selbständige Staatsbehörde errichteten ObVersÄmtern der Direktor und bei ObVersÄmtern, die einer höheren Reichs- oder Staatsbehörde angegliedert sind, der Leiter dieser Behörde (also in Preußen der Regierungspräsident), dessen ständiger Stellvertreter für das ObVersAmt (Direktor) ihn auch in den Angelegenheiten der Militärversorgung vertritt. Entsprechend liegt die Leitung des Reichs-Militärversorgungsgerichts dem Präsidenten des RVA. ob. Als sein ständiger Stellvertreter für die Angelegenheiten des Reichs-Militärversorgungsgerichts wird vom Staatssekretär des Reichsarbeitsamts ein Direktor im RVA. bestellt und zwar ein „besonderer" Direktor, der also neben den beiden bereits vorhandenen Direktoren zu ernennen ist. Die Spruchbehörden der Militärversorgung sind indessen nicht etwa lediglich als Teile der bezeichneten Versicherungsbehörden anzusehen, sie bilden vielmehr selbständige Gerichtshöfe, die mit den Versicherungsbehörden nur deshalb in Verbindung gebracht sind, um die Erfahrungen auf dem Gebiete der Reichsversicherung und die für deren Durchführung bestehenden Verwaltungseinrichtungen für die Zwecke der Militärversorgung nutzbar zu machen. Diese Selbständigkeit ist in der VO. auch dadurch zum Ausdruck gebracht worden, daß den Beamten, die eine leitende Stellung bei den neuen Spruchbehörden inne haben, eine auf diese Behörden hinweisende, besondere Amtsbezeichnung beigelegt ist (Direktor des Militärversorgungsgerichts, Präsident und Direktor des Reichs-Militärversorgungsgerichts).

Für die Rechtsprechung werden — wie in der Reichsversicherung — bei den Militärversorgungsgerichten Kammern in der Besetzung von fünf Personen (§ 3) und bei dem Reichs-Militärversorgungsgerichte Senate in der Besetzung von sieben Personen (§ 5) gebildet. Die Zusammensetzung der Kammern und Senate ist, den Wünschen des Reichstags und der beteiligten Kreise entsprechend, in Anlehnung an die Vorschriften der RVO. in sozialem Sinne ausgestaltet worden. Den Vorsitz führt stets eine auf dem Gebiete der Sozialversicherung erfahrene Person, nämlich bei den Militärversorgungsgerichten ein Mitglied (Vorsitzender, Direktor oder anderes Mitglied) des ObVersAmts und bei dem Reichs-Militärversorgungsgericht ein Mitglied (Präsident, Direktor oder Senatspräsident) des RVA. Als Beisitzer wirkt ein richterliches Mitglied eines ordentlichen Gerichts mit, wodurch die erforderliche dauernde Fühlung mit der Rechtsprechung dieser Gerichte gewonnen wird. Dazu tritt beim Reichs-Militärversorgungsgericht ein weiteres ständiges Mitglied des RVA. Dies sind die eigentlichen Gerichtspersonen. Aus den Kreisen der Beteiligten werden ein, beim Reichs-Militärversorgungsgerichte zwei Vertreter der Militärverwaltung und bei beiden Gerichten zwei versorgungsberechtigte, aus dem aktiven Militärdienst ausgeschiedene Personen zugezogen. Über die Vertreter der Militärverwaltung ist für die Militärversorgungsgerichte nichts Näheres bestimmt. Von den beiden Vertretern beim Reichs-Militärversorgungsgerichte dagegen muß nach § 5 Abs. 2 der eine ein Offizier, der andere ein höherer Beamter der Militärverwaltung sein, damit die Erfahrungen der Militärverwaltung in beiden Beziehungen zur Geltung kommen. Durch die Heranziehung von Versorgungsberechtigten ist der alte Wunsch, daß an der Rechtsprechung über die Ansprüche der Kriegsbeschädigten Kameraden von solchen mitwirken sollen, die sich in gleicher oder ähnlicher Lage befinden, erfüllt worden. Die als Beisitzer zuzuziehenden Versorgungsberechtigten sind in der Regel den Personen der Unterklassen des Soldatenstandes zu entnehmen (§ 7 Abs. 1). Nur wenn Ansprüche von Personen, die nach den Versorgungsgesetzen für Offiziere zu versorgen sind, oder von den Hinterbliebenen solcher Personen geltend gemacht werden, tritt an die Stelle einer Person der Unterklassen ein Offizier (§ 7 Abs. 2 Satz 1). Eine Ausnahme machen in dieser Beziehung die im § 35 OPG. bezeichneten Personen und ihre Hinterbliebenen (§ 7 Abs. 2 Satz 2). Hierbei handelt es sich um „andere als die in den §§ 32 bis 34 bezeichneten Personen, die während der Dauer eines Krieges bei dem Feld- oder Besatzungsheer als Heeresbeamte verwendet werden oder zum Heere im privatrechtlichen Vertragsverhältnis eines Dienstverpflichteten stehen“. Über die Ansprüche solcher Personen oder ihrer Hinterbliebenen entscheiden die Gerichte in ihrer regelmäßigen Besetzung. Im § 6 ist wie in der RVO. (§ 101) ein Großer Senat vorgesehen, der in einer Besetzung von 11 Personen für die Einheitlichkeit der Rechtsprechung innerhalb des Reichs-Militärversorgungsgerichts zu sorgen hat (§ 12). Seine Zusammensetzung ist darauf berechnet, daß seinen Entscheidungen besonderes Gewicht innewohnen soll. Den Vorsitz führt daher stets der Präsident oder der Direktor des Reichs-Militärversorgungsgerichts. Ferner tritt zu jeder Art von Beisitzern ein weiterer hinzu, so daß außer dem Vorsitzenden zwei Mitglieder des RVA., zwei ordentliche Richter, drei Vertreter der Militärverwaltung und drei Versorgungsberechtigte mitwirken. Im übrigen werden bei der Auswahl der Beisitzer besonders erfahrene Personen zu bevorzugen sein. Bei der Ausgestaltung der Kammern und Senate ist man darauf bedacht gewesen, soziales Verständnis, rechtliche und militärische Kenntnisse sowie unmittelbare Berührung mit den Kreisen der Beteiligten miteinander zu vereinigen, um so Gerichtshöfe zu schaffen, welche die größte Gewähr für eine gerechte Urteilsfindung bieten und das Vertrauen der Rechtsuchenden genießen.

Der Rechtszug vor den bezeichneten Gerichten ist in der Weise geregelt, daß der Bescheid der im Verwaltungsverfahren an letzter Stelle entscheidenden Behörde mittels Berufung an das Militärversorgungsgericht (§ 9) und die Entscheidung dieses Gerichts mittels Rekurses an das Reichs-Militärversorgungsgericht (§ 11 Abs. 1) angefochten werden kann. Da es sich auf dem Gebiete der Militärversorgung weniger um Rechtsfragen als um Fragen tatsächlicher Art (ursächlicher Zusammenhang eines Leidens oder des Todes mit einer Dienstbeschädigung, Grad der Erwerbsunfähigkeit, Dienstunfähigkeit usw.) handelt, ist das Rechtsmittel des Rekurses, das eine tatsächliche Nachprüfung der Sache zuläßt, der vom Reichsausschusse der Kriegsbeschädigtenfürsorge vorgeschlagenen Revision (S. 9, Leitsatz Nr. 2) vorgezogen worden. Für die Berufung und den Rekurs gelten die gleichen Fristen wie für den Einspruch. Für die örtliche Zuständigkeit des Berufungsgerichts ist der Wohnort oder der letzte Wohnort des Klägers oder — bei Ansprüchen von Hinterbliebenen — der Wohnort oder der letzte Wohnort der Witwe maßgebend (§ 10 Abs. 2). Hierdurch soll für das Gericht die unmittelbare Verhandlung mit den Berechtigten und für die Rechtsuchenden die persönliche Wahrnehmung ihrer Rechte nach Möglichkeit erleichtert werden. Wenn eine Zuständigkeit nach den bezeichneten Vorschriften nicht begründet ist, so ist der Sitz der Feststellungsbehörde maßgebend, die den Bescheid erteilt hat (§ 10 Abs. 3). Dieser Fall liegt namentlich dann vor, wenn als Hinterbliebene nur Kinder in Betracht kommen.

Um einer übermäßigen Belastung der höchsten Instanz vorzubeugen, ist der Rekurs für Sachen von geringerer Bedeutung ausgeschlossen worden (§ 11 Abs. 2, 3). Die Grenze, die man hierbei gezogen hat, ist einfacher und klarer, als sie in der RVO. (§ 1700) für den Ausschluß des Rekurses in Unfallversicherungssachen gilt. Sie entspricht auch mehr der Billigkeit. Der Rekurs ist nämlich nach der VO. ausgeschlossen, „wenn durch den Bescheid eine Teilrente von nicht mehr als $33^1/_3$ vom Hundert wegen wesentlicher Veränderung der Verhältnisse gemindert worden ist“ (§ 11 Abs. 2 Satz 1). Diese Vorschrift hat die Fälle des § 30 MVG. im Auge (s. oben S. 2). Von ihr werden — wenn man von dem Falle absieht, daß die Erwerbsfähigkeit zugleich durch andere Umstände als durch die Dienstbeschädigung herabgesetzt ist — nur solche Personen betroffen, die mindestens zu zwei Dritteln erwerbsfähig sind, für die also die Rente keine Lebensfrage bildet. Überdies ist der Rekurs nur für die Minderung, nicht auch für die Entziehung der Rente ausgeschlossen worden. Wird also eine Teilrente von auch nur 10 vH. aufgehoben, so ist der Rekurs zulässig. Diese Regelung hat ihren Grund vornehmlich darin, weil mit der Entziehung der Rente zugleich eine etwaige Zulage, namentlich die Kriegszulage, wegfällt, so daß also die Entziehung auch der kleinsten Rente für den Berechtigten in der Regel von größerer Bedeutung ist als die Minderung einer Rente von nicht mehr als $33^1/_3$ vH. Durch einige weitere Vorschriften (§ 11 Abs. 2 Satz 2 bis 4) ist Vorsorge dafür getroffen, daß einerseits von dem Ausschluß des Rekurses nicht Ansprüche mitbetroffen werden, die der höchsten Instanz an sich nicht vorenthalten werden sollen, und daß anderseits der Beschädigte es nicht in der Hand hat, durch nachträgliche Stellung eines Erhöhungsantrags eine nicht rekursfähige Sache rekursfähig zu machen. Danach gilt folgendes. Wird durch den Bescheid ein Antrag des Beschädigten auf Erhöhung seiner Rente zurückgewiesen und die Rente zugleich gemindert, so ist der gesamte Inhalt des Bescheids rekursfähig, auch wenn es sich im Rekursverfahren lediglich um die an sich nicht rekursfähige Minderung der Rente handelt. Hat der Beschädigte dagegen erst im Berufungsverfahren den Erhöhungsantrag gestellt, so entscheidet das Berufungsgericht auch über diesen Antrag endgültig. Dies gilt nicht nur zuungunsten, sondern auch zugunsten des Beschädigten. Hat also das Berufungsgericht dem Erhöhungsantrage stattgegeben, hat es also zB. die Rente auf 50 vH. der Vollrente erhöht, so kann der Militärfiskus dagegen keinen Rekurs einlegen. Die Vorschrift setzt aber voraus, daß die Erhöhung der Rente „an Stelle" ihrer Minderung begehrt wird, daß es sich also nicht etwa um eine nach Eintritt der Minderung eingetretene Verschlimmerung des Zustandes handelt. Über einen hierauf gestützten Erhöhungsantrag würde ein besonderer Bescheid zu erteilen sein, der dem Rekurse nicht entzogen ist. Ist endlich durch den Bescheid neben der Minderung der Rente zugleich über Ansprüche anderer Art, zB. über die Gewährung der Kriegszulage, entschieden worden — eine Verbindung, die wohl nicht häufig vorkommt —, so ist der Rekurs bezüglich dieses anderen Anspruchs zulässig; für die Minderung der Rente bleibt der Rekurs aber ausgeschlossen. Es ist nicht zu verkennen, daß die vorstehend erörterte Regelung nicht ohne Mängel ist. Eine in jeder Beziehung befriedigende

Lösung der Frage läßt sich aber nicht finden. Die Hauptsache ist, daß der Ausschluß des Rekurses keine allzu große Härte bedeutet und daß die Vorschriften praktisch brauchbar sind. Aus dem letzteren Grunde muß man es zB. mit in den Kauf nehmen, daß ein Erhöhungsantrag — abgesehen von seiner nachträglichen Stellung im Berufungsverfahren — stets rekursfähig ist, auch wenn er sich innerhalb einer Teilrente von $33^1/_3$ vH. hält. Den Rekurs auch hierfür auszuschließen, wäre zwecklos, denn der Beschädigte würde alsdann durch das Verlangen nach einer $33^1/_3$ vH. steigenden höheren Rente die Sache doch rekursfähig machen können. Außer der erörterten Einschränkung ist der Rekurs nach § 11 Abs. 3 auch dann ausgeschlossen, wenn es sich lediglich um die Kosten des Verfahrens handelt. Dies gilt sowohl für die gerichtliche Gebühr (§ 16) wie auch für die dem Gegner zu erstattenden außergerichtlichen Kosten (§ 17).

Im § 12 ist der Aufgabenkreis des nach § 6 zu bildenden Großen Senats des Reichs-Militärversorgungsgerichts in Anlehnung an den § 1717 Abs. 1 RVO. umschrieben. Der Große Senat hat danach zu entscheiden, wenn in einer grundsätzlichen Rechtsfrage ein Senat des Reichs-Militärversorgungsgerichts von der Entscheidung eines anderen oder einer Entscheidung des Großen Senats selbst abweichen will. Der zunächst zur Entscheidung berufene Senat hat in einem solchen Falle die Sache unter Begründung seiner Rechtsauffassung an den Großen Senat zu verweisen. Hierdurch soll die Einheitlichkeit der Rechtsprechung innerhalb des Reichs-Militärversorgungsgerichts gewährleistet werden. Zur Vermeidung von Abweichungen zwischen Entscheidungen des Reichs-Militärversorgungsgerichts und solchen des RVA. sind keine Vorschriften getroffen. Bei der Gleichartigkeit mancher Vorschriften auf den beiderseitigen Rechtsgebieten sind solche Abweichungen nicht ausgeschlossen. Man wird abwarten müssen, ob sich etwa in der Praxis ein Bedürfnis herausstellt, auch in dieser Beziehung für Einheitlichkeit zu sorgen.

Durch besondere Vorschriften ist dem Gedanken Rechnung getragen worden, den der Reichsausschuß der Kriegsbeschädigtenfürsorge in seinem dritten Leitsatz (oben S. 9) zum Ausdruck gebracht hat. Es kommen, wie dort zutreffend angenommen wird, Fälle vor, in denen es zweifelhaft sein kann, ob der Berechtigte eine Militärversorgung nach den Militärversorgungsgesetzen oder eine Unfallentschädigung nach der RVO. zu beanspruchen hat. Dies ist zB. der Fall, wenn es ungewiß ist, ob der Beschädigte die Tätigkeit, bei der er sich den Schaden zugezogen hat, als Soldat oder als Arbeiter im Sinne der RVO. ausgeübt hat. Ebenso kann es fraglich sein, ob ein Leiden auf einen Unfall während der Ausübung des Dienstes oder auf einen Betriebsunfall ursächlich zurückzuführen ist. Der Empfänger einer Unfallrente kann zum Militärdienste herangezogen sein. Umgekehrt kann der Empfänger einer Militärrente als Arbeiter in einem versicherten Betriebe beschäftigt werden. Bei einer Verschlimmerung des Zustandes solcher Personen kann in Frage kommen, ob lediglich eine Veränderung der für die Festsetzung der Rente maßgebend gewesenen Verhältnisse oder ob ein neuer Unfall (Dienstbeschädigung, Betriebsunfall) vorliegt. Unter Umständen kann beides nebeneinander der Fall sein. Noch schwieriger gestalten sich die Verhältnisse, wenn jemand eine Militärrente und eine Unfallrente bezieht und später ein Leiden, zB. ein Nervenleiden, bei ihm auftritt. Ist dieses Leiden auf die Dienstbeschädigung oder auf den Betriebsunfall, oder ist es auf beides oder auf keines von beiden zurückzuführen? In Fällen dieser und ähnlicher Art sucht die VO. auf einem möglichst einfachen Wege zu einer alle Teile bindenden Entscheidung zu gelangen. Der Reichsausschuß der Kriegsbeschädigtenfürsorge hatte vorgeschlagen, die Sache einer besonderen, beim RVA. gebildeten Spruchinstanz überweisen zu lassen, wenn der Anspruch sowohl von den Instanzen der Militärversorgung wie auch von denen der Unfallversicherung rechtskräftig abgewiesen worden ist. Dieser Weg ist jedoch für zu umständlich erachtet worden. Die VO. läßt vielmehr bereits innerhalb des Militärversorgungsverfahrens die Beiladung und Verurteilung des Trägers der Unfallversicherung (§ 13) und im umgekehrten Falle innerhalb des Unfallentschädigungsverfahrens die Beiladung und Verurteilung des Militärfiskus (Art. III) zu. Diese Maßnahme ist aber nur in der Rekursinstanz zulässig. Der Senat hat sich in einem solchen Falle in dem Militärversorgungsverfahren durch Zuziehung eines Arbeitgebers und eines Versicherten aus den nichtständigen Mitgliedern des RVA. und in dem Unfallentschädigungsverfahren durch Zuziehung eines Vertreters der Militärverwaltung und einer versorgungsberechtigten, aus dem aktiven Militärdienst ausgeschiedenen Person aus den Beisitzern des Reichs-Militärversorgungsgerichts zu verstärken, damit die beiderseitigen Gesichtspunkte genügend zur Geltung kommen. Die zuzuziehenden Personen werden von dem Präsidenten des RVA. bezeichnet. Die Beiladung und Verurteilung des Verpflichteten kann bereits in dem zuerst anhängig gemachten Verfahren stattfinden; sie ist aber auch dann noch zulässig, wenn gegen den Verpflichteten bereits ein Verfahren geschwebt und zur rechtskräftigen Ablehnung des Anspruchs gegen ihn geführt hat.

Die Vorschriften über die Beiladung und Verurteilung des

Militärfiskus in dem Unfallentschädigungsverfahren stehen übrigens außerhalb des Rahmens der Militärversorgungsgesetze, sie stellen vielmehr eine Novelle zu den §§ 1703 und 1737 RVO. dar und sind deshalb nicht in den das Spruchverfahren vor den Militärversorgungsgerichten und dem Reichs-Militärversorgungsgerichte behandelnden Art. II, sondern in einen besonderen Artikel (Art. III) aufgenommen worden.

Der Militärfiskus wird vor den Militärversorgungsgerichten durch die im Verwaltungsverfahren an letzter Stelle entscheidende Militärverwaltungsbehörde, also die oberste oder — bei Ausschluß des Einspruchs nach § 29 Abs. 1 Satz 2 MVG. — die höhere Militärverwaltungsbehörde, vertreten. Vor dem Reichs-Militärversorgungsgerichte liegt die Vertretung stets der obersten Militärverwaltungsbehörde ob (§ 14). Der Rekurs kann jedoch vorsorglich auch von der höheren Militärverwaltungsbehörde, wenn sie im Verwaltungsverfahren an letzter Stelle entschieden hat, eingelegt werden. Die weitere Vertretung ist auch in diesem Falle Sache der obersten Militärverwaltungsbehörde.

Über die Verhandlung vor den Spruchbehörden sind in der VO. in Anlehnung an die entsprechenden Vorschriften der RVO. (§§ 1660, 1662, 1663) Grundsätze aufgestellt, die eine Gewähr dafür bieten, daß jede Sache ordnungsmäßig erörtert wird und die Beteiligten ihre Rechte in jeder Beziehung wahrnehmen können. Vor allem wird mündlich und öffentlich verhandelt (§ 15 Abs. 1). Von Amts wegen kann die Öffentlichkeit nur aus Gründen des öffentlichen Wohles oder der Sittlichkeit ausgeschlossen werden. Auf Antrag des Klägers dagegen ist der Ausschluß allgemein „aus besonderen Gründen" gestattet. Hierbei ist namentlich an den Fall gedacht, daß der Kläger seinen Krankheitszustand nicht öffentlich erörtert wissen möchte. In den bezeichneten Fällen kann der Ausschluß der Öffentlichkeit für die ganze Verhandlung oder für einen Teil der Verhandlung stattfinden. Ferner ist den Parteien das Recht gegeben, in der Verhandlung persönlich zu erscheinen oder sich vertreten zu lassen. Die Erschienenen sind zu hören (§ 15 Abs. 2). Bevollmächtigte und Beistände können nur zurückgewiesen werden, wenn sie das Verhandeln vor Behörden geschäftsmäßig betreiben. Jedoch sind Rechtsanwälte und Personen, denen das Verhandeln vor Gerichten oder Versicherungsbehörden gestattet ist, sowie Vertreter gemeinnütziger Rechtsauskunftsstellen und gemeinnütziger oder wirtschaftlicher Organisationen zuzulassen (§ 15 Abs. 3). Hierher gehören namentlich die Vertreter der Gewerkschaften und der Kriegsbeschädigtenvereinigungen. Die Vorschrift geht über die entsprechende der RVO. (§ 1663) noch hinaus.

Die Frage der Auferlegung gerichtlicher Kosten des Verfahrens ist unter möglichster Vermeidung von Härten geregelt worden. Für Personen, die auf Grund einer während des gegenwärtigen Krieges erlittenen Dienstbeschädigung Versorgungsansprüche haben, ist das Verfahren bei Geltendmachung von Ansprüchen aus dieser Beschädigung völlig kostenfrei, es sei denn, daß sie den Anspruch mutwillig verfolgen, das Verfahren verschleppen oder das Gericht irreführen (§ 16 Abs. 3). Steht also jemandem aus einer solchen Beschädigung tatsächlich ein Versorgungsanspruch, gleichviel in welcher Höhe, zu, so genießt er für alle Ansprüche, die er aus der Beschädigung herleitet, Kostenfreiheit, auch wenn er mit ihnen abgewiesen wird. Es genügt, daß eine während des gegenwärtigen Krieges erlittene Dienstbeschädigung vorliegt, eine eigentliche Kriegsdienstbeschädigung ist nicht erforderlich. Für Ansprüche, die nicht auf Grund der bezeichneten Dienstbeschädigung, sondern auf Grund eines anderen Tatbestandes geltend gemacht werden, gilt die Kostenfreiheit dagegen nicht. Im übrigen bezieht sich die Vorschrift nicht nur auf die Beschädigten selbst, sondern auch auf die Hinterbliebenen von Personen, die infolge einer während des gegenwärtigen Krieges erlittenen Dienstbeschädigung gestorben sind; auch sie machen im Sinne des § 16 Abs. 3 Ansprüche aus dieser Beschädigung geltend. Die Vorschrift enthält danach eine besondere Vergünstigung für die Kriegsteilnehmer und ihre Hinterbliebenen. Darüber hinaus allgemein Kostenfreiheit zu gewähren, lag kein Anlaß vor. Man wäre sonst dahin gekommen, daß eine Militärperson bei Verfolgung unberechtigter Versorgungsansprüche Kostenfreiheit genösse, während ein Beamter in der gleichen Lage die hohen Kosten eines Zivilprozesses zu tragen hat. Immerhin ist billigem Ermessen weiter Spielraum gelassen worden. Ein Zwang zur Auferlegung von Kosten besteht nur für den Fall, daß der Kläger in vollem Umfang unterliegt. Aber auch in diesem Falle kann von der Auferlegung von Kosten Abstand genommen werden, wenn das Rechtsmittel verworfen werden muß, weil es unzulässig oder verspätet eingelegt ist. Unterliegt der Kläger nur teilweise, so ist die Auferlegung von Kosten allgemein in das Ermessen des Gerichts gestellt. Das gleiche gilt, wenn er sich mit dem Gegner vergleicht oder das Rechtsmittel zurücknimmt (§ 16 Abs. 1). Die Kosten werden nicht etwa umständlich berechnet, sondern bestehen in einer mäßigen Gebühr, die nach freiem Ermessen unter Berücksichtigung des Wertes des Beschwerdegegenstandes und der Höhe der tatsächlich entstandenen Kosten in der Entscheidung über die Hauptsache festgesetzt wird. Ergeht eine solche Entscheidung nicht — dies ist der Fall, wenn der Rechtsstreit sich durch Vergleich oder durch Zurücknahme des Rechtsmittels erledigt —, so wird die Gebühr durch besondere Entscheidung festgesetzt. Die Gebühr beträgt vor den Militärversorgungsgerichten 3 bis 50 Mark, vor dem Reichs-Militärversorgungsgerichte 5 bis 100 Mark; bei Ansprüchen der im § 7 Abs. 2 Satz 1 bezeichneten Personen (Offiziere usw.) kann sie bis auf 100 bezw. 200 Mark bemessen werden (§ 16 Abs. 2). Bare Auslagen sind daneben nicht zu erstatten, auch wenn sie die Gebühr in Wahrheit übersteigen sollten.

Die Verpflichtung der unterlegenen Partei zum Ersatze der außergerichtlichen Kosten des Gegners ist nach dem Vorbild der RVO. (§ 1670) geregelt worden. Die Auferlegung solcher Kosten und ihre Bemessung ist danach dem Ermessen des Gerichts überlassen (§ 17 Abs. 1). Sie werden ebenfalls in der Entscheidung festgesetzt. Bei Zurücknahme des Rechtsmittels ergeht über sie auf Antrag des Gegners eine besondere Entscheidung (§ 17 Abs. 2).

Gebühren (§ 16) und außergerichtliche Kosten (§ 17) werden wie Gemeindeabgaben beigetrieben, und zwar die Kosten naturgemäß auf Antrag der obsiegenden Partei (§ 18).

Wie in zahlreichen anderen Gesetzen (vgl. insbesondere § 115 RVO.), so ist auch hier den öffentlichen Behörden die Verpflichtung zur Rechtshilfe auferlegt worden (§ 19 Abs. 1). Die obersten Militärverwaltungsbehörden haben sich überdies auf Ersuchen des Reichs-Militärversorgungsgerichts zu einzelnen Fragen gutachtlich zu äußern (§ 19 Abs. 2). Dem höchstinstanzlichen Gerichte soll dadurch, namentlich in der Übergangszeit, die Durchführung seiner Aufgaben erleichtert werden.

Die für die Sozialversicherung bestehende Gebühren- und Stempelfreiheit (§§ 137, 138 RVO.) gilt in gleicher Weise für die Militärversorgung (§ 20).

Der staatsrechtlichen Stellung des Reichs-Militärversorgungsgerichts entsprechend werden die Kosten dieses Gerichts vom Reiche getragen. Es handelt sich hierbei sowohl um die Kosten der Gerichtshaltung wie um die des Verfahrens. Die Kosten vermindern sich um den Betrag der vom Reichs-Militärversorgungsgericht auf Grund des § 16 auferlegten Gebühren, die naturgemäß in die Reichskasse fließen. Über die Kosten der Militärversorgungsgerichte ist eine endgültige gesetzliche Regelung vorbehalten worden. Bis dahin werden diese Kosten durch das Reich verauslagt; demgemäß fließen bis dahin auch die von den Militärversorgungsgerichten auferlegten Gebühren in die Reichskasse (§ 21). Aus vorstehender Regelung erwachsen für das Reichs-Militärversorgungsgericht keine Schwierigkeiten, da dieses einer Reichsbehörde angegliedert ist, so daß es einer Trennung der beiderseitigen Kosten kaum bedarf. Die Kosten der Militärversorgungsgerichte dagegen müssen, da sie vom Reiche zu verauslagen sind, von denen der ObVersÄmter, die von den Bundesstaaten getragen werden (§ 80 Abs. 1 RVO.), getrennt werden. Bei dem engen Zusammenhange der Militärversorgungsgerichte mit den ObVersÄmtern, denen sie angegliedert sind, wird eine genaue Auseinanderrechnung kaum möglich sein. Soweit die Kosten nicht ausscheidbar sind, wird man sich mit der Festsetzung von Pauschbeträgen begnügen müssen. Die „endgültige gesetzliche Regelung" wird hoffentlich klarere Verhältnisse schaffen.

Die VO. enthält, wie bereits erwähnt, nur die grundlegenden Vorschriften über das Spruchverfahren der Militärversorgung. Der Erlaß näherer Bestimmungen darüber ist dem Staatssekretär des Reichsarbeitsamts übertragen worden (§ 22 Abs. 1). Dieser hat auch eine Gebührenordnung zu erlassen, nach der sich die Vergütung für die Berufstätigkeit der Rechtsanwälte in dem Verfahren vor den bezeichneten Gerichten bestimmt. Eine Vereinbarung über höhere Sätze, als die Gebührenordnung vorsieht, ist nichtig (§ 22 Abs. 2). Beide Vorschriften haben ihr Vorbild in der RVO., nach welcher der Kaiser mit Zustimmung des Bundesrats die entsprechenden VOn. für die Behörden der Reichsversicherung zu erlassen hatte (§ 35 Abs. 2, §§ 1804, 1805 RVO.). Die „Bestimmungen über die Militärversorgungsgerichte und das Reichs-Militärversorgungsgericht sowie über das Verfahren vor ihnen" sind unter dem 18. Februar 1919, die „Verordnung über die Gebühren der Rechtsanwälte im Verfahren vor den Militärversorgungsgerichten und dem Reichs-Militärversorgungsgericht" ist unter dem 1. März 1919 ergangen. Sie sind im Reichsgesetzblatt S. 217 und 266 veröffentlicht worden.

Die VO. enthält besondere Vorschriften zur Wahrung des für Bayern auf dem Gebiete des Militärwesens bestehenden Reservatrechts. Insbesondere kann Bayern ein Landes-Militärversorgungsgericht errichten, das für Ansprüche solcher Personen und ihrer Hinterbliebenen, welche zuletzt dem bayerischen Kontingent angehört haben, an die Stelle des Reichs-Militärversorgungsgerichts tritt (§ 8). Wie dieses dem RVA., so ist das Landes-Militärversorgungsgericht dem bayerischen Landesversicherungsamte (vgl. § 105 RVO.) anzugliedern. Bei dem Landes-Militärversorgungsgerichte sind ebenfalls ein oder mehrere Senate unter entsprechender Anwendung der für das Reichs-Militärversorgungsgericht geltenden Vorschriften (§§ 5, 7) zu bilden. Die Vorschriften über den Großen Senat (§ 6) gelten für das Landes-Militärversorgungsgericht dagegen nicht. Vielmehr kann — entsprechend dem § 1719 RVO. — die Landesregierung die erforderlichen Bestimmungen erlassen, um innerhalb Bayerns eine einheitliche Rechtsprechung zu sichern (§ 12 Abs. 2).

Die Vorschriften der VO. über das eigentliche Verfahren gelten im allgemeinen auch für das Landes-Militärversorgungsgericht. Dieses kann jedoch einen Träger der Unfallversicherung in dem Verfahren nur beiladen und verurteilen, wenn sein Bezirk sich nicht über das Gebiet Bayerns hinaus erstreckt. Andernfalls kann es die Sache an das Reichs-Militärversorgungsgericht zur Entscheidung abgeben (§ 13 Abs. 3). Geschieht dies, so kann unter Umständen der Fall eintreten, daß der bayerische Militärfiskus von dem Reichs-Militärversorgungsgerichte zur Gewährung der Versorgung verurteilt wird, denn diesem wird durch die Abgabe der Sache die Entscheidung ohne Beschränkung übertragen. Entsprechendes gilt für den Fall der Beiladung und Verurteilung des Militärfiskus in dem Unfallentschädigungsverfahren. Hier kann das Landesversicherungsamt nur den bayerischen Militärfiskus verurteilen. Hält es jedoch den Reichs-Militärfiskus zur Gewährung der Versorgung für verpflichtet, so kann es die Sache an das RVA. zur Entscheidung abgeben (Art. III, § 1703a Abs. 3 RVO.). Das RVA. kann alsdann selbstverständlich auch den bayerischen Versicherungsträger verurteilen, wenn es entgegen der Auffassung des Landesversicherungsamts diesen für entschädigungspflichtig hält.

Die näheren Bestimmungen über die Militärversorgungsgerichte usw. sowie die VO. über die Gebühren der Rechtsanwälte, deren Erlaß nach § 22 dem Staatssekretär des Reichsarbeitsamts obliegt, gelten nach der dortigen Vorschrift für die bayerischen Gerichte nicht. Die bayerische Landesregierung hat vielmehr in beiden Beziehungen eigene Bestimmungen zu erlassen. Dies gilt nicht nur für das Landes-Militärversorgungsgericht, sondern auch für die bayerischen Militärversorgungsgerichte. Die Zuständigkeit der Gerichte (§ 10) wird hierdurch aber nicht berührt. Wohnt ein ehemaliger Angehöriger des bayerischen Kontingents außerhalb Bayerns, so hat demnach auch ein außerbayerisches Militärversorgungsgericht über seine Ansprüche zu entscheiden. Wird Rekurs eingelegt, so gelangt die Sache jedoch auch in diesem Falle an das bayerische Landes-Militärversorgungsgericht.

2. Ordentlicher Rechtsweg.

Während gegen die im Feststellungsverfahren ergehenden Bescheide der Rechtszug im Spruchverfahren der Militärversorgung gegeben ist, steht gegen die Bescheide der Behörden, die im Pensionsregelungsverfahren entscheiden (vgl. oben S. 21, 22), der ordentliche

Rechtsweg offen. In dem gleichlautenden § 42 MVG., § 39 OPG., § 35 MHG. heißt es darüber in den Abs. 2 bis 4:

(Abs. 2.) Gegen die Bescheide der Behörden, die im Pensionsregelungsverfahren entscheiden, ist der ordentliche Rechtsweg mit folgenden Maßgaben zulässig;

1. Der Militärfiskus wird durch die oberste Militärverwaltungsbehörde des Kontingents vertreten.
2. Der Bescheid der obersten Militärverwaltungsbehörde des Kontingents muß der Klage vorhergehen; das Klagerecht geht verloren, wenn der im Regelungsverfahren zugelassene Einspruch nicht rechtzeitig eingelegt oder wenn die Klage nicht bis zum Ablauf von sechs Monaten nach der Zustellung des Bescheids der obersten Militärverwaltungsbehörde des Kontingents erhoben wird.

(Abs. 3.) Auf die Frist von sechs Monaten finden die Vorschriften der §§ 203, 206 des Bürgerlichen Gesetzbuchs entsprechende Anwendung.

(Abs. 4.) Für die Klage sind die Landgerichte ohne Rücksicht auf den Wert des Streitgegenstandes ausschließlich zuständig.

Die Vorschriften sind, abgesehen von ihrer Beschränkung auf das Regelungsverfahren, durch die VO. vom 1. II. 1919 sachlich nicht verändert worden (vgl. die frühere Fassung S. 3, 6, 7). Bezüglich ihrer Auslegung wird auf die bekannten Kommentare von Romen (MVG. und OPG.), Meier-Demmig (MVG.), Mahnkopf (OPG.) und von Olshausen (MHG.) verwiesen. Hervorzuheben ist folgendes.

Der ordentliche Rechtsweg spielt sich vor den ordentlichen Gerichten ab. Er wird durch Erhebung der Klage beschritten. Nach Abs. 4 sind die Landgerichte ausschließlich zuständig. Die Amtsgerichte sind also ausgeschaltet, auch wenn sie an sich nach der Höhe des Streitgegenstandes zuständig sein würden. Das hat zur Folge, daß jeder Rechtsstreit bis an das Reichsgericht gebracht werden kann, denn nach § 547 Abs. 2 ZPO. findet die Revision ohne Rücksicht auf den Wert des Beschwerdegegenstandes statt „in den Rechtsstreitigkeiten über Ansprüche, für welche die Landgerichte ohne Rücksicht auf den Wert des Streitgegenstandes ausschließlich zuständig sind". Da die Klage sich gegen den Militärfiskus richtet und dieser nach Abs. 2 Nr. 1 durch die oberste Militärverwaltungsbehörde des Kontingents vertreten wird, kommen nach § 18 ZPO. als erste Instanz nur die Landgerichte in Berlin I, München, Stuttgart und Dresden in Betracht.

Der Bescheid der obersten Militärverwaltungsbehörde, der nach Abs. 2 Nr. 2 der Klage vorherzugehen hat, ergeht auf den Einspruch des Berechtigten gegen den Bescheid der Pensionsregelungsbehörde; vgl. oben S. 21, 22. Liegt ein solcher Bescheid nicht vor, so ist die Klage zur Zeit oder wegen Unzulässigkeit des Rechtswegs abzuweisen. Der Mangel ist von Amts wegen zu berücksichtigen; einer Einrede des Beklagten bedarf es nicht. Der Mangel kann auch durch Vereinbarung der Parteien nicht beseitigt werden, da die Vorschrift dem öffentlichen Rechte angehört. Nach Beseitigung des Mangels kann die Klage von neuem erhoben werden.

Der Einspruch gegen den Bescheid der Pensionsregelungsbehörde ist nach dem auch für das OPG. und das MHG. geltenden § 29 Abs. 2, 6 MVG. (vgl. Art. I Nr. 2 der VO. vom 1. II. 19) binnen einem Monat nach der Zustellung (bei Zustellung außerhalb Europas binnen drei Monaten) einzulegen. Ist diese Frist versäumt oder wird die Klage nicht binnen sechs Monaten nach der Zustellung des Bescheids der obersten Militärverwaltungsbehörde erhoben, so ist das Klagerecht nach der weiteren Vorschrift des Abs. 2 Nr. 2 verloren gegangen. Eine dennoch erhobene Klage würde wegen Unzulässigkeit des Prozeß-(Klage-)wegs abzuweisen sein. Wird Einspruch verspätet eingelegt, so steht es der obersten Militärverwaltungsbehörde dennoch frei, den Anspruch sachlich zu prüfen. Das einmal verlorene Klagerecht lebt aber dadurch nicht ohne weiteres wieder auf. Dies ist vielmehr nur dann der Fall, wenn die oberste Militärverwaltungsbehörde eine sachlich neue Entscheidung erläßt, indem sie die frühere Entscheidung aufhebt, abändert oder ergänzt. In diesem Falle beginnt mit der Zustellung des Bescheids die sechsmonatige Frist von neuem zu laufen.

III. Übergangsvorschriften.

Die VO. enthält am Schlusse im Art. IV unter 6 Nummern die Vorschriften über ihr Inkrafttreten und den Übergang vom bisherigen zum künftigen Rechte.

Als Tag des Inkrafttretens ist der 1. März 1919 festgesetzt worden (Nr. 1).

Bei den Übergangsvorschriften ist Bedacht darauf genommen worden, daß die Beteiligten durch die Herabsetzung der Verfahrensfristen auf einen Monat keinen Schaden erleiden, und daß ihnen anderseits das neue Verfahren möglichst bald zugute kommt. Bei Feststellungsbescheiden, die vor dem 1. März 1919 zugestellt worden sind, verbleibt es daher bei der bisherigen drei- oder sechsmonatigen Einspruchsfrist. Bei Bescheiden der Pensionsregelungsbehörden, gegen die der Einspruch bisher unbefristet zulässig war, ist der Ablauf der Einspruchsfrist auf den 31. Mai 1919 festgesetzt worden, so daß für den Einspruch vom Inkrafttreten der VO. an noch eine Frist von drei Monaten gegeben ist (Nr. 2). Wo ferner am 1. März 1919 eine Frist zur Erhebung der Klage gegen einen Feststellungsbescheid der obersten Militärverwaltungsbehörde bereits lief, verbleibt es auch bei dieser Frist, jedoch ist von dem bezeichneten Tage ab bis zum Ablauf der Frist nicht mehr die Klage vor den ordentlichen Gerichten, sondern die Berufung an das Militärversorgungsgericht gegeben (Nr. 4). Dagegen werden Klagen, die am 1. März 1919 vor den ordentlichen Gerichten bereits anhängig waren, grundsätzlich dort nach den bisher geltenden Vorschriften erledigt (Nr. 5 Abs. 1). Der Kläger hat jedoch das Recht, sofern der Rechtsstreit noch vor der ersten Instanz (Landgericht) schwebt und ein Urteil noch nicht ergangen ist, die Verweisung der Sache an das zuständige Militärversorgungsgericht zu verlangen (Nr. 5 Abs. 2). Der Antrag ist bis zum 31. Mai 1919, also binnen drei Monaten nach dem Inkrafttreten der VO., zu stellen. Er gilt als rechtzeitige Einlegung der Berufung. Daraus folgt, daß die Zuständigkeit des Militärversorgungsgerichts sich nach dem Wohnort des Klägers oder der Witwe zur Zeit der Antragstellung richtet (Art. II § 10), und daß auf den Antrag hin das Berufungsverfahren einzuleiten ist. Um die Überleitung der Sache an das Militärversorgungsgericht zu erleichtern, werden die bis dahin entstandenen Gerichtskosten niedergeschlagen. Die außergerichtlichen Kosten dagegen trägt jede Partei für sich. Will der Kläger die ihm entstandenen Kosten nicht auf sich nehmen, so muß er von dem Antrag auf Verweisung der Sache Abstand nehmen.

Weiter ist Vorsorge dafür getroffen worden, daß die neuen Spruchbehörden nicht etwa von Anfang an vor eine Überfülle von Arbeit gestellt werden, sondern Gelegenheit haben, sich nach und nach in das ihnen bisher fremde Gebiet einzuarbeiten. Gegen Bescheide der höheren Militärverwaltungsbehörde, die vor dem 1. März 1919 zugestellt worden sind, findet daher wie bisher der Einspruch an die oberste Militärverwaltungsbehörde auch dann statt, wenn auf Grund der VO. (Art. I Nr. 1 zu § 29 Abs. 1 Satz 2 MVG., Art. II) der Einspruch gegen den Bescheid der höheren Militärverwaltungsbehörde ausgeschlossen worden ist. Die daraufhin ergehenden Bescheide der obersten Militärverwaltungsbehörde können allerdings ihrerseits mittels Berufung an das Militärversorgungsgericht angefochten werden (Nr. 3). Die Mehrzahl der Sachen dürfte aber im Einspruchsverfahren endgültig erledigt werden. Soweit dies nicht der Fall ist, gelangen die Sachen immerhin erst nach und nach und weiter aufgeklärt in die Berufungsinstanz.

Endlich soll das neue Verfahren auch noch solchen Personen offen stehen, deren Ansprüche sich auf eine während des Krieges abgeschlossene Dienstleistung stützen, aber auf Grund endgültiger Entscheidung des innerhalb der obersten Militärverwaltungsbehörde gebildeten Kollegiums abgewiesen sind (Nr. 6 Satz 1). Für diese Personen bestand bisher keine Möglichkeit, ihre Ansprüche in einem gerichtlichen Verfahren nachprüfen zu lassen. Nunmehr ist ihnen auf Antrag von der obersten Militärverwaltungsbehörde ein neuer Bescheid zu erteilen, gegen den ihnen alsdann die Berufung an das Militärversorgungsgericht zusteht. Den auf Grund endgültiger Entscheidung des Kollegiums abgewiesenen Personen hat die VO. diejenigen gleichgestellt, deren Ansprüche nicht von der obersten, sondern von einer nachgeordneten Militärverwaltungsbehörde abgewiesen sind, jedoch auf Grund eines Tatbestandes, welcher der endgültigen Entscheidung des Kollegiums unterlegen hätte, wenn Einspruch bis an die oberste Militärverwaltungsbehörde eingelegt worden wäre (Nr. 6 Satz 2). Hierin liegt ein besonderes Entgegenkommen gegenüber den Kriegsteilnehmern, denen man damit das neue Verfahren eröffnet, auch wenn sie die Rechtsbehelfe des früheren Verfahrens nicht bis zu Ende ausgenutzt haben. Der Antrag kann in beiden Fällen bis Ende 1919 gestellt werden. Für die Stellung des Antrags und die Wahrung der Frist gelten die gleichen Vorschriften wie für den Einspruch (§ 29 Abs. 2 Satz 2 bis 4 MVG.).

II. Die gesetzlichen Vorschriften über das Verfahren.

1. Verordnung der Reichsregierung über Änderung des Verfahrens in Militärversorgungssachen. Vom 1. Februar 1919 (RGBl. S. 149).

Die Reichsregierung hat mit Gesetzeskraft folgendes verordnet:

Das Verfahren in Militärversorgungssachen wird bis auf weiteres, wie folgt, geändert*):

Artikel I.

1. Die §§ 29, 31 des Mannschaftsversorgungsgesetzes vom 31. Mai 1906 (Reichs-Gesetzbl. S. 593) erhalten folgende Fassung:

§ 29.

Gegen den Bescheid einer niederen Behörde ist Einspruch an die zuständige übergeordnete Behörde, an letzter Stelle an die oberste Militärverwaltungsbehörde des Kontingents, zulässig. Die oberste Militärverwaltungsbehörde des Kontingents kann den Einspruch gegen Bescheide der höheren Militärverwaltungsbehörde ausschließen.

Der Einspruch muß bis zum Ablauf von einem Monat nach der Zustellung des Bescheids eingelegt werden; bei Zustellung außerhalb Europas beträgt die Frist drei Monate. Der Einspruch ist bei der durch die oberste Militärverwaltungsbehörde des Kontingents bestimmten Behörde einzulegen. Die Fristen gelten auch dann als gewahrt, wenn er rechtzeitig bei einer anderen deutschen amtlichen Stelle oder bei einem Träger der Reichsversicherung eingegangen ist. Die Fristen gelten ferner als gewahrt, wenn der Berechtigte an ihrer Einhaltung durch Naturereignisse oder andere unabwendbare Zufälle behindert worden und der Einspruch bis zum Ablauf von einem Monat nach dem Wegfall des Hindernisses eingegangen ist.

Die Bescheide sind in rechtlicher und tatsächlicher Beziehung zu begründen. Werden Versorgungsgebührnisse festgestellt, so muß der Bescheid ihre Höhe und die Art der Berechnung ersehen lassen.

In dem Bescheide muß auf den zulässigen Rechtsbehelf (Einspruch an die zuständige übergeordnete Behörde, Berufung an das Militärversorgungsgericht) und auf die für ihn vorgesehene Frist hingewiesen werden.

---

*) Die Verfahrensvorschriften der Militärversorgungsgesetze in der Fassung dieser Verordnung sind S. 50 ff. im Zusammenhang abgedruckt.

Für das geschäftliche Verfahren sind die von der obersten Militärverwaltungsbehörde des Kontingents zu erlassenden Bestimmungen maßgebend. Die oberste Militärverwaltungsbehörde bestimmt auch die Form für die Zustellung der Bescheide.

Die Vorschriften der Absätze 2 bis 4 finden auf die Bescheide im Pensionsregelungsverfahren entsprechende Anwendung.

§ 31.

Die Feststellungsbescheide werden gegenüber dem Militärfiskus mit der Zustellung, gegenüber dem Berechtigten mit Ablauf der Einspruchsfrist oder der Berufungsfrist rechtskräftig.

Nach Rechtskraft des Bescheids findet die Wiederaufnahme des Feststellungsverfahrens auf Antrag oder von Amts wegen statt, wenn

1. eine Urkunde, auf die sich der Bescheid stützt, fälschlich angefertigt oder verfälscht war,
2. der Gegner oder sein Vertreter den Bescheid durch Betrug erwirkt hat,
3. die Partei einer zur Zeit des Erlasses des Bescheids bereits vorhandene Urkunde, die eine ihr günstigere Entscheidung herbeigeführt haben würde, nachträglich auffindet oder zu benutzen instand gesetzt wird.

Die Wiederaufnahme ist nur zulässig, wenn die Partei ohne ihr Verschulden außerstande war, den Anfechtungsgrund in dem früheren Verfahren, insbesondere durch Einspruch oder Berufung geltend zu machen.

In den Fällen des Abs. 2 Nr. 1, 2 ist die Wiederaufnahme ferner nur dann zulässig, wenn

1. wegen der strafbaren Handlung eine rechtskräftige strafgerichtliche Verurteilung ergangen ist oder
2. ein gerichtliches Strafverfahren aus anderen Gründen als wegen Mangels an Beweis nicht eingeleitet oder nicht durchgeführt werden konnte.

Der Berechtigte hat die neue Prüfung binnen einem Monat, bei Aufenthalt außerhalb Europas binnen drei Monaten nach Kenntnis des Anfechtungsgrundes zu beantragen. Nimmt die Feststellungsbehörde von Amts wegen das Verfahren wieder auf, so hat sie innerhalb der gleichen Frist die neue Prüfung einzuleiten. Der Antrag und die Einleitung der neuen Prüfung von Amts wegen sind nach Ablauf von fünf Jahren vom Tage der Rechtskraft des Bescheids an unzulässig. Für die Antragstellung und die Fristen finden die Vorschriften des § 29 Abs. 2 Satz 2 bis 4 entsprechende Anwendung.

Zugunsten des Berechtigten kann die Feststellungsbehörde jederzeit einen neuen Bescheid erteilen.

2. Der § 19 des Offizierpensionsgesetzes vom 31. Mai 1906 (Reichs-Gesetzbl. S. 565)[1]) und der § 28 des Militärhinterbliebenengesetzes vom 17. Mai 1907 (Reichs-Gesetzbl. S. 214)[2]) erhalten folgenden neuen Absatz:

Die Vorschriften der §§ 29, 31 des Mannschaftsversorgungsgesetzes vom 31. Mai 1906 finden entsprechende Anwendung.

[1]) Vgl. S. 5.
[2]) Vgl. S. 7.

3. Der § 42 des Mannschaftsversorgungsgesetzes, der § 39 des Offizierpensionsgesetzes und der § 35 des Militärhinterbliebenengesetzes erhalten folgende Fassung:

Gegen die Bescheide der Behörden, die im Verwaltungsverfahren über Ansprüche auf Feststellung von Versorgungsgebührnissen aus diesem Gesetz an letzter Stelle entscheiden, ist der Rechtszug im Spruchverfahren der Militärversorgung zulässig.

Gegen die Bescheide der Behörden, die im Pensionsregelungsverfahren entscheiden, ist der ordentliche Rechtsweg mit folgenden Maßgaben zulässig:

1. Der Militärfiskus wird durch die oberste Militärverwaltungsbehörde des Kontingents vertreten.
2. Der Bescheid der obersten Militärverwaltungsbehörde des Kontingents muß der Klage vorhergehen; das Klagerecht geht verloren, wenn der im Regelungsverfahren zugelassene Einspruch nicht rechtzeitig eingelegt oder wenn die Klage nicht bis zum Ablauf von sechs Monaten nach der Zustellung des Bescheids der obersten Militärverwaltungsbehörde des Kontingents erhoben wird.

Auf die Frist von sechs Monaten finden die Vorschriften der §§ 203, 206 des Bürgerlichen Gesetzbuchs[1]) entsprechende Anwendung.

Für die Klage sind die Landgerichte ohne Rücksicht auf den Wert des Streitgegenstandes ausschließlich zuständig.

[1]) Die angezogenen Vorschriften des BGB. lauten:

§ 203. Die Verjährung ist gehemmt, solange der Berechtigte durch Stillstand der Rechtspflege innerhalb der letzten sechs Monate der Verjährungsfrist an der Rechtsverfolgung verhindert ist.

Das gleiche gilt, wenn eine solche Verhinderung in anderer Weise durch höhere Gewalt herbeigeführt wird.

§ 206. Ist eine geschäftsunfähige oder in der Geschäftsfähigkeit beschränkte Person ohne gesetzlichen Vertreter, so wird die gegen sie laufende Verjährung nicht vor dem Ablaufe von sechs Monaten nach dem Zeitpunkte vollendet, in welchem die Person unbeschränkt geschäftsfähig wird oder der Mangel der Vertretung aufhört. Ist die Verjährungsfrist kürzer als sechs Monate, so tritt der für die Verjährung bestimmte Zeitraum an die Stelle der sechs Monate.

Diese Vorschriften finden keine Anwendung, soweit eine in der Geschäftsfähigkeit beschränkte Person geschäftsfähig ist.

4. Die §§ 43, 61, 73 des Mannschaftsversorgungsgesetzes, die §§ 40, 60 Abs. 2, der § 73 Abs. 2 des Offizierpensionsgesetzes und die §§ 36, 46, 51 des Militärhinterbliebenengesetzes[1]) treten außer Kraft.

[1]) Die Vorschriften betreffen sämtlich die Endgültigkeit gewisser Entscheidungen der obersten Militärverwaltungsbehörde.

5. Die Überschriften in den Militärversorgungsgesetzen werden wie folgt geändert:

a) vor § 27 des Mannschaftsversorgungsgesetzes und § 19 des Offizierpensionsgesetzes „Verfahren“ in „Verwaltungsverfahren“,
b) vor § 42 des Mannschaftsversorgungsgesetzes und § 39 des Offizierpensionsgesetzes „Rechtsweg“ in „Spruchverfahren und Rechtsweg“,
c) vor den §§ 60, 72 des Mannschaftsversorgungsgesetzes und den §§ 60, 73 des Offizierpensionsgesetzes „Zuständigkeit und Rechtsweg“ in „Zuständigkeit“.

Artikel II.

Spruchverfahren.

§ 1.

Über Ansprüche auf Feststellung von Versorgungsgebührnissen aus den Militärversorgungsgesetzen entscheiden im Spruchverfahren die Militärversorgungsgerichte (§§ 2, 3, 7) und das Reichs-Militärversorgungsgericht (§§ 4 bis 7) oder für Bayern das Landes-Militärversorgungsgericht (§ 8).

§ 2.

Die Militärversorgungsgerichte werden bei den Oberversicherungsämtern (§ 62 der Reichsversicherungsordnung)[1]) errichtet. Für den Bezirk mehrerer benachbarter Oberversicherungsämter kann bei einem von ihnen ein gemeinsames Militärversorgungsgericht errichtet werden.

Der Vorsitzende des Oberversicherungsamts ist zugleich der Vorsitzende des Militärversorgungsgerichts. Ist das Oberversicherungsamt an eine höhere Reichs- oder Staatsbehörde angegliedert (§ 64 der Reichsversicherungsordnung)[2]), so ist der nach § 67 Satz 2 der Reichsversicherungsordnung[3]) zum ständigen Stellvertreter des Vorsitzenden bestellte Direktor auch sein ständiger Stellvertreter für Militärversorgungssachen.

In den Angelegenheiten des Militärversorgungsgerichts führt der Direktor des Oberversicherungsamts die Amtsbezeichnung „Direktor des Militärversorgungsgerichts".

[1]) Der § 62 RVO. lautet:

„Das Oberversicherungsamt wird in der Regel für den Bezirk einer höheren Verwaltungsbehörde errichtet.

Die oberste Verwaltungsbehörde kann den Bezirk anders abgrenzen.

Die Landesregierungen mehrerer Bundesstaaten können für ihre Gebiete oder Teile davon ein gemeinsames Oberversicherungsamt errichten."

Ein Verzeichnis dieser Oberversicherungsämter ist S. 99f. abgedruckt.

[2]) Der § 64 RVO. lautet:

„Die oberste Verwaltungsbehörde kann die Oberversicherungsämter an höhere Reichs- oder Staatsbehörden angliedern oder als selbständige Staatsbehörden errichten."

[3]) Der § 67 RVO. lautet:

„Wird das Oberversicherungsamt an eine höhere Reichs- oder Staatsbehörde angegliedert, so ist ihr Leiter zugleich der Vorsitzende. Als sein ständiger Stellvertreter wird ein Direktor des Oberversicherungsamts bestellt."

§ 3.

Bei den Militärversorgungsgerichten werden je nach Bedarf eine oder mehrere Kammern gebildet.

Jede Kammer besteht aus:

dem Vorsitzenden oder dem Direktor des Militärversorgungsgerichts oder einem anderen Mitglied des Oberversicherungsamts als Vorsitzendem,

einem richterlichen Mitglied eines ordentlichen Gerichts, einem Vertreter der Militärverwaltung sowie zwei versorgungsberechtigten, aus dem aktiven Militärdienst ausgeschiedenen Personen } als Beisitzern.

§ 4.

Das Reichs-Militärversorgungsgericht wird bei dem Reichsversicherungsamt errichtet.

Der Präsident des Reichsversicherungsamts ist zugleich der Vorsitzende des Reichs-Militärversorgungsgerichts; er führt als solcher die Amtsbezeichnung „Präsident des Reichs-Militärversorgungsgerichts". Als sein ständiger Stellvertreter für Militärversorgungssachen wird vom Staatssekretär des Reichsarbeitsamts ein besonderer Direktor im Reichsversicherungsamte für die Dauer seines Amtes bestellt; er führt die Amtsbezeichnung „Direktor des Reichs-Militärversorgungsgerichts".

§ 5.

Bei dem Reichs-Militärversorgungsgerichte werden je nach Bedarf ein oder mehrere Senate gebildet.

Jeder Senat besteht aus:

dem Präsidenten oder dem Direktor des Reichs-Militärversorgungsgerichts oder einem anderen Direktor oder einem Senatspräsidenten des Reichsversicherungsamts
als Vorsitzendem,

einem weiteren ständigen Mitglied des Reichsversicherungsamts,
einem richterlichen Mitglied eines ordentlichen Gerichts,
zwei Vertretern der Militärverwaltung, und zwar einem Offizier und einem höheren Beamten der Militärverwaltung sowie
zwei versorgungsberechtigten, aus dem aktiven Militärdienst ausgeschiedenen Personen
} als Beisitzern.

§ 6.

Sind mehrere Senate vorhanden, so ist ein Großer Senat zu bilden. Dieser besteht aus:

dem Präsidenten oder dem Direktor des Reichs-Militärversorgungsgerichts
als Vorsitzendem,

zwei weiteren ständigen Mitgliedern des Reichsversicherungsamts,
zwei richterlichen Mitgliedern eines ordentlichen Gerichts,
drei Vertretern der Militärverwaltung, und zwar zwei Offizieren und einem höheren Beamten der Militärverwaltung sowie
drei versorgungsberechtigten, aus dem aktiven Militärdienst ausgeschiedenen Personen
} als Beisitzern.

§ 7.

Bei der Besetzung der Kammern und Senate (§§ 3, 5, 6) sind die versorgungsberechtigten, aus dem aktiven Militärdienst ausgeschiedenen Personen den Unterklassen des Soldatenstandes zu entnehmen.

Soweit Ansprüche von Personen, die nach den Versorgungsgesetzen für Offiziere zu versorgen sind oder von den Hinterbliebenen solcher Personen geltend gemacht werden, tritt an die Stelle einer Person der Unterklassen ein Offizier. Dies gilt nicht, wenn Ansprüche aus dem § 35 des Offizierpensionsgesetzes[1]) oder aus dem § 23 Nr. 4 des Militärhinterbliebenengesetzes[2]) erhoben werden.

[1]) Der § 35 OPG. lautet:

„Andere, als die in den §§ 32 bis 34 bezeichneten Personen, die während der Dauer eines Krieges bei dem Feld- oder Besatzungsheer als Heeresbeamte verwendet werden oder zum Heere im privatrechtlichen Vertragsverhältnis eines Dienstverpflichteten stehen, erwerben Anspruch auf Pensionsgebührnisse, wenn infolge einer durch den Krieg herbeigeführten Dienstbeschädigung ihre Erwerbsfähigkeit aufgehoben oder um wenigstens zehn Prozent gemindert worden ist. Die Bemessung und die Zahlung der Pensionsgebührnisse erfolgt nach den vom Bundesrate festzustellenden Grundsätzen, die dem Reichstage zur Kenntnisnahme vorzulegen sind und außer Kraft treten, falls sie die Genehmigung des Reichstags nicht finden.

Die Vorschriften des § 2 finden entsprechende Anwendung."

[2]) Der § 23 Nr. 4 MHG. lautet:

„Die Höhe der Kriegsversorgung richtet sich:

4. bei den Hinterbliebenen der im § 35 des Offizierpensionsgesetzes bezeichneten Personen nach dem Betrage, der gemäß den vom Bundesrate festgestellten Grundsätzen bei Berechnung des Ruhegehalts des Verstorbenen zugrunde gelegt worden ist oder zugrunde zu legen gewesen sein würde, falls der Verstorbene am Todestag in den Ruhestand versetzt worden wäre. Den Hinterbliebenen von solchen im § 35 des Offizierpensionsgesetzes genannten Personen, denen kein höherer militärischer Rang verliehen worden ist, sind die den Hinterbliebenen von Gemeinen zustehenden Sätze zu zahlen."

§ 8.

Bayern kann bei seinem Landesversicherungsamt ein Landes-Militärversorgungsgericht errichten, das für Ansprüche von Personen, die zuletzt dem bayerischen Kontingent angehört haben, oder von ihren Hinterbliebenen an die Stelle des Reichs-Militärversorgungsgerichts tritt.

Für die Bildung und Zusammensetzung der Senate des Landes-Militärversorgungsgerichts gelten die Vorschriften der §§ 5, 7 entsprechend.

§ 9.

Gegen den Bescheid der Militärverwaltungsbehörde, die im Verwaltungsverfahren über die im § 1 bezeichneten Ansprüche an letzter Stelle entscheidet, ist innerhalb eines Monats nach der Zustellung die Berufung an das Militärversorgungsgericht zulässig. Bei Zustellung außerhalb Europas beträgt die Frist drei Monate.

§ 10.

Über die Berufung entscheidet das Militärversorgungsgericht, in dessen Bezirk der Kläger zur Zeit der Einlegung der Berufung wohnt. Hat er keinen Wohnort im Inland oder ist er gestorben oder verschollen, so ist sein letzter inländischer Wohnort maßgebend.

Bei Geltendmachung von Ansprüchen Hinterbliebener ist der Wohnort oder der letzte inländische Wohnort der Witwe maßgebend.

Ist nach den Vorschriften der Abs. 1, 2 eine Zuständigkeit nicht begründet, so ist der Sitz der Feststellungsbehörde maßgebend, die den Bescheid erteilt hat.

§ 11.

Gegen die Urteile der Militärversorgungsgerichte steht beiden Parteien innerhalb eines Monats nach der Zustellung der Rekurs an das Reichs-Militärversorgungsgericht (Landes-Militärversorgungsgericht) zu. Der § 9 Satz 2 gilt entsprechend.

Der Rekurs ist ausgeschlossen, wenn durch den Bescheid eine Teilrente von nicht mehr als $33^1/_3$ vom Hundert wegen wesentlicher Veränderung der Verhältnisse gemindert worden ist. Dies gilt nicht, wenn durch den Bescheid zugleich ein Antrag auf Erhöhung der Rente zurückgewiesen worden ist. Hat der Kläger im Berufungsverfahren an Stelle der Minderung die Erhöhung der Rente beantragt, so ist die Entscheidung des Berufungsgerichts auch über den Erhöhungsantrag endgültig. Ist durch den Bescheid zugleich über Ansprüche anderer Art entschieden worden, so ist der Rekurs insoweit zulässig.

Der Rekurs ist ferner ausgeschlossen, wenn es sich lediglich um die Kosten des Verfahrens (§§ 16, 17) handelt.

§ 12.

Will in einer grundsätzlichen Rechtsfrage ein Senat des Reichs-Militärversorgungsgerichts von der Entscheidung eines anderen abweichen, so hat er die Sache unter Begründung seiner Rechtsauffassung zur Entscheidung an den Großen Senat (§ 6) zu verweisen. Das gleiche gilt, wenn ein Senat von der Entscheidung des Großen Senats selbst abweichen will.

Wie zu verfahren ist, wenn innerhalb des bayerischen Landes-Militärversorgungsgerichts (§ 8) ein Senat von der Entscheidung eines anderen abweichen will, bestimmt die Landesregierung.

§ 13.

Kommt statt der Militärversorgung oder neben ihr wegen desselben Leidens oder wegen eines Todesfalls eine Entschädigung nach den Vorschriften der Reichsversicherungsordnung über Unfallversicherung in Frage, so kann das Reichs-Militärversorgungsgericht den Träger der Unfallversicherung in dem Verfahren beiladen und zur Entschädigung verurteilen, auch wenn der Anspruch gegen ihn bereits rechtskräftig abgelehnt worden ist.

Zur Verhandlung und Entscheidung der Sache sind in diesem Falle zwei vom Präsidenten des Reichsversicherungsamts bezeichnete nichtständige Mitglieder dieses Amtes, und zwar je ein Arbeitgeber und ein Versicherter aus dem entsprechenden Bereiche der Unfallversicherung (§ 87 Abs. 1, §§ 89 bis 91 der Reichsversicherungsordnung)[1]) als weitere Beisitzer zuzuziehen. Ihre Teilnahme an der Sitzung gilt für ihre Vergütung als Teilnahme an einer Sitzung in Sachen der Unfallversicherung.

Die Vorschriften der Abs. 1, 2 gelten entsprechend für das bayerische Landes-Militärversorgungsgericht (§ 8), sofern der Bezirk des Trägers der Unfallversicherung sich nicht über das Gebiet Bayerns hinaus erstreckt. Erstreckt er sich darüber hinaus, so kann das Landes-Militärversorgungsgericht die Sache an das Reichs-Militärversorgungsgericht zur Entscheidung abgeben.

[1]) Die angezogenen Vorschriften der RVO. lauten:

§ 87 Abs. 1. Das Reichsversicherungsamt hat zweiunddreißig nichtständige Mitglieder. Acht von ihnen wählt der Bundesrat, und zwar mindestens sechs aus seiner Mitte; je zwölf werden als Vertreter der Arbeitgeber und der Versicherten gewählt.

§ 89. Sechs von den zwölf Arbeitgebern werden von den Arbeitgebermitgliedern in den Ausschüssen der Versicherungsanstalten und in den entsprechenden Vertretungen der Sonderanstalten gewählt, und zwar

vier aus dem Bereiche der Gewerbe-Unfallversicherung,
zwei aus dem der landwirtschaftlichen Unfallversicherung.

§ 90. Die übrigen sechs Arbeitgeber werden von den Vorständen der Berufsgenossenschaften und den Ausführungsbehörden gewählt, und zwar je aus ihrem Bereiche

vier von den gewerblichen Berufsgenossenschaften und Ausführungsbehörden, davon einer von der See-Berufsgenossenschaft,
zwei von den landwirtschaftlichen Berufsgenossenschaften und Ausführungsbehörden.

§ 91. Die zwölf Versicherten werden von den Versichertenbeisitzern bei den Oberversicherungsämtern gewählt, und zwar

acht aus dem Bereiche der gewerblichen und der See-Unfallversicherung, davon einer aus dem Bereiche der See-Unfallversicherung,
vier aus dem Bereiche der landwirtschaftlichen Unfallversicherung.

§ 14.

Der Militärfiskus wird in dem Verfahren vor den Militärversorgungsgerichten durch die im Verwaltungsverfahren an letzter Stelle entscheidende Militärverwaltungsbehörde, in dem Verfahren vor dem Reichs-Militärversorgungsgerichte (Landes-Militärversorgungsgericht) durch die oberste Militärverwaltungsbehörde des Kontingents vertreten; der Rekurs kann auch von der höheren Militärverwaltungsbehörde, die im Verwaltungsverfahren an letzter Stelle entschieden hat, eingelegt werden.

§ 15.

Vor den Militärversorgungsgerichten und dem Reichs-Militärversorgungsgerichte (Landes-Militärversorgungsgericht) wird mündlich und öffentlich verhandelt. Die Öffentlichkeit kann aus Gründen des öffentlichen Wohles oder der Sittlichkeit oder auf Antrag des Klägers aus besonderen Gründen für die ganze Verhandlung oder für einen Teil der Verhandlung ausgeschlossen werden; der Beschluß ist öffentlich zu verkünden.

Die Parteien können erscheinen und sich vertreten lassen. Die Erschienenen sind zu hören.

Das Gericht kann Bevollmächtigte und Beistände zurückweisen, die das Verhandeln vor Behörden geschäftsmäßig betreiben. Dies gilt nicht für Rechtsanwälte und solche Personen, denen das Verhandeln vor Gerichten oder Versicherungsbehörden gestattet ist, sowie für Vertreter gemeinnütziger Rechtsauskunftsstellen und gemeinnütziger oder wirtschaftlicher Organisationen.

§ 16.

Unterliegt der Kläger in vollem Umfang, so legt das Gericht ihm eine Gebühr auf; es kann ihm eine solche auferlegen, wenn er nur teilweise unterliegt oder sich mit dem Gegner vergleicht oder das Rechtsmittel zurücknimmt. Ist das Rechtsmittel unzulässig oder verspätet eingelegt, so kann von der Auferlegung einer Gebühr abgesehen werden.

Die Gebühr beträgt in dem Verfahren vor den Militärversorgungsgerichten drei bis fünfzig Mark, in dem Verfahren vor dem Reichs-Militärversorgungsgerichte (Landes-Militärversorgungsgericht) fünf bis einhundert Mark, bei Geltendmachung von Ansprüchen der im § 7 Abs. 2 Satz 1 bezeichneten Art drei bis einhundert Mark beziehungsweise fünf bis zweihundert Mark. Die Gebühr wird in der Entscheidung über die Hauptsache oder, wenn eine solche nicht ergeht, durch besondere Entscheidung festgesetzt. Bei der Bemessung ist auf den Wert des Beschwerdegegenstandes und die Höhe der tatsächlich entstandenen Kosten Rücksicht zu nehmen.

Für Personen, die auf Grund einer während des gegenwärtigen Krieges erlittenen Dienstbeschädigung Versorgungsansprüche haben, ist bei Geltendmachung von Ansprüchen aus dieser Beschädigung das Verfahren gebührenfrei. Dies gilt jedoch nicht bei mutwilliger Verfolgung des Anspruchs, Verschleppung des Verfahrens oder Irreführung des Gerichts.

§ 17.

Bei der Verhandlung wird von Amts wegen geprüft, ob und in welchem Betrage die unterlegene Partei dem Gegner seine Kosten zu erstatten hat.

Die Höhe dieser Kosten wird in der Entscheidung festgesetzt. Wird das Rechtsmittel zurückgenommen, so wird auf Antrag des Gegners über die Erstattung seiner Kosten entschieden.

§ 18.

Die nach § 16 auferlegten Gebühren und die nach § 17 zu erstattenden Kosten werden wie Gemeindeabgaben beigetrieben, und zwar die Kosten auf Antrag der obsiegenden Partei.

§ 19.

Die öffentlichen Behörden sind verpflichtet, den im Vollzuge der Militärversorgungsgesetze an sie ergehenden Ersuchen der Militärversorgungsgerichte und des Reichs-Militärversorgungsgerichts (Landes-

Militärversorgungsgerichts) zu entsprechen, insbesondere vollstreckbare Entscheidungen zu vollstrecken. Die aus der Rechtshilfe erwachsenden Kosten hat das ersuchende Gericht zu erstatten.

Die obersten Militärverwaltungsbehörden der Kontingente haben sich auf Ersuchen des Reichs-Militärversorgungsgerichts (Landes-Militärversorgungsgerichts) zu einzelnen Fragen gutachtlich zu äußern.

§ 20.

Die Vorschriften der §§ 137, 138 der Reichsversicherungsordnung[1]) über Gebühren- und Stempelfreiheit gelten für das Spruchverfahren vor den Militärversorgungsgerichten und dem Reichs-Militärversorgungsgerichte (Landes-Militärversorgungsgericht) entsprechend.

[1]) Die angezogenen Vorschriften der RVO. lauten:

§ 137. Gebühren- und stempelfrei sind, soweit dieses Gesetz nichts anderes vorschreibt, alle Verhandlungen und Urkunden, die bei den Versicherungsträgern und Versicherungsbehörden erforderlich werden, um die Rechtsverhältnisse zwischen den Versicherungsträgern einerseits und den Arbeitgebern oder Versicherten oder ihren Hinterbliebenen anderseits zu begründen oder abzuwickeln.

§ 138. Das gleiche gilt für die außergerichtlichen Verhandlungen und Urkunden dieser Art, sowie für solche privatschriftlichen Vollmachten und amtlichen Bescheinigungen, welche nach diesem Gesetze zum Ausweis und zu Nachweisungen erforderlich werden.

§ 21.

Die Kosten des Reichs-Militärversorgungsgerichts trägt das Reich. Die Kosten der Militärversorgungsgerichte werden bis zur endgültigen gesetzlichen Regelung durch das Reich verauslagt.

Die von dem Reichs-Militärversorgungsgericht auferlegten Gebühren fließen in die Reichskasse. Das gleiche gilt bis zur endgültigen gesetzlichen Regelung für die von den Militärversorgungsgerichten auferlegten Gebühren.

§ 22.

Die näheren Bestimmungen über die Militärversorgungsgerichte und das Reichs-Militärversorgungsgericht sowie über das Verfahren vor ihnen werden durch den Staatssekretär des Reichsarbeitsamts[1]) für die bayerischen Militärversorgungsgerichte und das bayerische Landes-Militärversorgungsgericht von der Landesregierung erlassen.

In gleicher Weise wird eine Gebührenordnung erlassen, nach der sich die Vergütung für die Berufstätigkeit der Rechtsanwälte im Verfahren vor den Militärversorgungsgerichten und dem Reichs-Militärversorgungsgerichte (Landes-Militärversorgungsgericht) bestimmt[2]). Eine Vereinbarung über höhere Sätze, als die Gebührenordnung vorsieht, ist nichtig.

[1]) Jetzt Reichsarbeitsminister. Die Bestimmungen sind S. 56f. abgedruckt.

[2]) Die VO. über die Gebühren der Rechtsanwälte ist S. 81f. abgedruckt.

Artikel III.

In die Reichsversicherungsordnung werden folgende Vorschriften eingestellt:

§ 1703a[1]).

Kommt statt der Unfallentschädigung oder neben ihr wegen desselben Leidens oder wegen eines Todesfalls die Versorgung nach den Militärversorgungsgesetzen in Frage, so kann das Reichsversicherungsamt den Militärfiskus in dem Verfahren beiladen und zur Zahlung der Gebührnisse verurteilen, auch wenn ein Anspruch gegen ihn bereits rechtskräftig abgelehnt worden ist.

[1]) Die §§ 1699 ff. RVO behandeln das Spruchverfahren vor dem RVA. (LVA.) in der Unfallversicherung.

Zur Verhandlung und Entscheidung der Sache sind in diesem Falle aus den zu Beisitzern des Reichs-Militärversorgungsgerichts bestellten Personen ein Vertreter der Militärverwaltung und eine versorgungsberechtigte aus dem aktiven Militärdienst ausgeschiedene Person, die der Präsident des Reichsversicherungsamts bezeichnet, als weitere Beisitzer zuzuziehen. Ihre Teilnahme an der Sitzung gilt für ihre Vergütung als Teilnahme an einer Sitzung in Sachen der Militärversorgung.

Für das bayerische Landesversicherungsamt gelten die Abs. 1, 2 entsprechend, sofern der bayerische Militärfiskus beigeladen und verurteilt werden soll. Soll der Reichsmilitärfiskus beigeladen und verurteilt werden, so kann das Landesversicherungsamt die Sache an das Reichsversicherungsamt zur Entscheidung abgeben.

§ 1737 a[1]).

Die Vorschrift des § 1703 a über die Beiladung und Verurteilung des Militärfiskus gilt entsprechend.

[1]) Die §§ 1735 bis 1738 RVO. behandeln den Streit mehrerer Versicherungsträger über die Entschädigungspflicht.

Artikel IV.

Übergangsvorschriften.

1. Die Verordnung tritt am 1. März 1919 in Kraft.

2. Bei Feststellungsbescheiden, die vor dem 1. März 1919 zugestellt worden sind, bestimmt sich die Dauer der Einspruchsfrist nach den bisher geltenden Vorschriften; bei Bescheiden der Pensionsregelungsbehörden, die vor dem 1. März 1919 zugestellt worden sind, endet die Einspruchsfrist mit dem Ablauf des 31. Mai 1919.

3. Über Einsprüche gegen Bescheide der höheren Militärverwaltungsbehörde, die vor dem 1. März 1919 zugestellt worden sind, entscheidet die oberste Militärverwaltungsbehörde des Kontingents auch dann, wenn auf Grund dieser Verordnung der Einspruch gegen den Bescheid der höheren Militärverwaltungsbehörde ausgeschlossen ist. Gegen die Bescheide der obersten Militärverwaltungsbehörde findet in diesem Falle die Berufung an das Militärversorgungsgericht statt.

4. Gegen Feststellungsbescheide der obersten Militärverwaltungsbehörde des Kontingents, die vor dem 1. März 1919 zugestellt worden sind, ist von diesem Tage ab statt der Klage im ordentlichen Rechtsweg bis zum Ablauf der für sie gegebenen Frist die Berufung an das Militärversorgungsgericht zulässig.

5. Ist am 1. März 1919 ein Rechtsstreit vor einem ordentlichen Gericht anhängig, so wird er nach den bisher geltenden Vorschriften erledigt.

Solange der Rechtsstreit vor dem Landgericht anhängig und ein Urteil noch nicht ergangen ist, hat das Gericht auf Antrag des Klägers den Rechtsstreit an das zuständige Militärversorgungsgericht zu verweisen. Der Antrag ist bis zum 31. Mai 1919 zu stellen. Die Stellung des Antrags gilt als rechtzeitige Einlegung der Berufung. Die vor dem Landgericht entstandenen Gerichtskosten werden niedergeschlagen; jede Partei trägt ihre außergerichtlichen Kosten.

6. Die oberste Militärverwaltungsbehörde des Kontingents hat über Ansprüche, die sich auf eine nach dem 1. August 1914 abgeschlossene Dienstleistung stützen und auf Grund endgültiger Entscheidung des innerhalb der obersten Militärverwaltungsbehörde gebildeten Kollegiums abgewiesen sind, auf Antrag einen neuen Bescheid zu erteilen. Dies gilt entsprechend, wenn eine andere Militärverwaltungsbehörde den Anspruch auf Grund eines Tatbestandes abgewiesen hat, der der endgültigen Entscheidung des Kollegiums unterlegen hätte, wenn Einspruch bis zur obersten Militärverwaltungsbehörde eingelegt worden wäre. Der Antrag ist bis zum Ablauf des 31. Dezember 1919 zu stellen; die Vorschriften des § 29 Abs. 2 Satz 2 bis 4 des Mannschaftsversorgungsgesetzes gelten entsprechend.

Berlin, den 1. Februar 1919.

Die Reichsregierung.

Ebert. Scheidemann.

---

2. Die Verfahrensvorschriften der Militärversorgungsgesetze
in der Fassung der Verordnung vom 1. Februar 1919*).

I. Mannschaftsversorgungsgesetz.

Erster Teil.

Reichsheer.

Verwaltungsverfahren.

§ 27 (MVG.).

Die Feststellung und Anweisung der Versorgungsgebührnisse erfolgt durch die oberste Militärverwaltungsbehörde des Kontingents; diese kann ihre Befugnisse auf andere Behörden übertragen, wenn sie ihr nicht durch dieses Gesetz ausdrücklich vorbehalten sind.

§ 28 (MVG.).

Der Grad der Erwerbsunfähigkeit (§ 4) wird sowohl für sich als in seinem ursächlichen Zusammenhange mit einer erlittenen Dienstbeschädigung durch die dazu verordneten Militärbehörden festgestellt. Dem Verletzten steht es frei, Beweismittel beizubringen.

Die auf Grund der Feststellungen getroffene Entscheidung ist dem Verletzten schriftlich mitzuteilen.

§ 29 (MVG.).

Gegen den Bescheid einer niederen Behörde ist Einspruch an die zuständige übergeordnete Behörde, an letzter Stelle an die oberste Militärverwaltungsbehörde des Kontingents, zulässig. Die oberste Militärverwaltungsbehörde des Kontingents kann den Einspruch gegen Bescheide der höheren Militärverwaltungsbehörde ausschließen.

---

*) Die durch die Verordnung vom 1. Februar 1919 — abgedruckt S. 40 ff. — geänderten Vorschriften sind durch schräge Schrift kenntlich gemacht.

Der Einspruch muß bis zum Ablauf von einem Monat nach der Zustellung des Bescheids eingelegt werden; bei Zustellung außerhalb Europas beträgt die Frist drei Monate. Der Einspruch ist bei der durch die oberste Militärverwaltungsbehörde des Kontingents bestimmten Behörde einzulegen. Die Fristen gelten auch dann als gewahrt, wenn er rechtzeitig bei einer anderen deutschen amtlichen Stelle oder bei einem Träger der Reichsversicherung eingegangen ist. Die Fristen gelten ferner als gewahrt, wenn der Berechtigte an ihrer Einhaltung durch Naturereignisse oder andere unabwendbare Zufälle behindert worden und der Einspruch bis zum Ablauf von einem Monat nach dem Wegfall des Hindernisses eingegangen ist.

Die Bescheide sind in rechtlicher und tatsächlicher Beziehung zu begründen. Werden Versorgungsgebührnisse festgestellt, so muß der Bescheid ihre Höhe und die Art der Berechnung ersehen lassen.

In dem Bescheide muß auf den zulässigen Rechtsbehelf (Einspruch an die zuständige übergeordnete Behörde, Berufung an das Militärversorgungsgericht) und auf die für ihn vorgesehene Frist hingewiesen werden.

Für das geschäftliche Verfahren sind die von der obersten Militärverwaltungsbehörde des Kontingents zu erlassenden Bestimmungen maßgebend. Die oberste Militärverwaltungsbehörde bestimmt auch die Form für die Zustellung der Bescheide.

Die Vorschriften der Abs. 2 bis 4 finden auf die Bescheide im Pensionsregelungsverfahren entsprechende Anwendung.

§ 30 (MVG.).

Die Versorgungsgebührnisse werden auf Antrag oder von Amts wegen anders festgesetzt oder entzogen, wenn in den Verhältnissen, welche für die Bewilligung maßgebend gewesen sind, eine wesentliche Veränderung eintritt.

Die Prüfung von Anträgen auf andere Festsetzung der Versicherungsgebührnisse findet alljährlich nur einmal statt. Die Militärbehörde kann bei Anmeldung eines höheren Anspruchs sowie in den Fällen der §§ 24, 25 [1]) von dieser Einschränkung absehen.

[1]) Die §§ 24, 25 MVG. betreffen bedingte Renten und Rentenzuschüsse („Kannbezüge").

§ 31 (MVG.).

Die Feststellungsbescheide werden gegenüber dem Militärfiskus mit der Zustellung, gegenüber dem Berechtigten mit Ablauf der Einspruchsfrist oder der Berufungsfrist rechtskräftig.

Nach Rechtskraft des Bescheids findet die Wiederaufnahme des Feststellungsverfahrens auf Antrag oder von Amts wegen statt, wenn

1. *eine Urkunde, auf die sich der Bescheid stützt, fälschlich angefertigt oder verfälscht war,*
2. *der Gegner oder sein Vertreter den Bescheid durch Betrug erwirkt hat,*
3. *die Partei eine zur Zeit des Erlasses des Bescheids bereits vorhandene Urkunde, die eine ihr günstigere Entscheidung herbeigeführt haben würde, nachträglich auffindet oder zu benutzen instand gesetzt wird.*

Die Wiederaufnahme ist nur zulässig, wenn die Partei ohne ihr Verschulden außerstande war, den Anfechtungsgrund in dem früheren Verfahren, insbesondere durch Einspruch oder Berufung geltend zu machen.

In den Fällen des Abs. 2 Nr. 1, 2 ist die Wiederaufnahme ferner nur dann zulässig, wenn

1. wegen der strafbaren Handlung eine rechtskräftige strafgerichtliche Verurteilung ergangen ist oder

2. ein gerichtliches Strafverfahren aus anderen Gründen als wegen Mangels an Beweis nicht eingeleitet oder nicht durchgeführt werden konnte.

Der Berechtigte hat die neue Prüfung binnen einem Monat, bei Aufenthalt außerhalb Europas binnen drei Monaten nach Kenntnis des Anfechtungsgrundes zu beantragen. Nimmt die Feststellungsbehörde von Amts wegen das Verfahren wieder auf, so hat sie innerhalb der gleichen Frist die neue Prüfung einzuleiten. Der Antrag und die Einleitung der neuen Prüfung von Amts wegen sind nach Ablauf von fünf Jahren vom Tage der Rechtskraft des Bescheids an unzulässig. Für die Antragstellung und die Fristen finden die Vorschriften des § 29 Abs. 2 Satz 2 bis 4 entsprechende Anwendung.

Zugunsten des Berechtigten kann die Feststellungsbehörde jederzeit einen neuen Bescheid erteilen.

Spruchverfahren und Rechtsweg.

§ 42 (MVG.).

Gegen die Bescheide der Behörden, die im Verwaltungsverfahren über Ansprüche auf Feststellung von Versorgungsgebührnissen aus diesem Gesetz an letzter Stelle entscheiden, ist der Rechtszug im Spruchverfahren der Militärversorgung zulässig.

Gegen die Bescheide der Behörden, die im Pensionsregelungsverfahren entscheiden, ist der ordentliche Rechtsweg mit folgender Maßgabe zulässig:

1. Der Militärfiskus wird durch die oberste Militärverwaltungsbehörde des Kontingents vertreten.

2. Der Bescheid der obersten Militärverwaltungsbehörde des Kontingents muß der Klage vorhergehen; das Klagerecht geht verloren, wenn der im Regelungsverfahren zugelassene Einspruch nicht rechtzeitig eingelegt oder wenn die Klage nicht bis zum Ablauf von sechs Monaten nach der Zustellung des Bescheids der obersten Militärverwaltungsbehörde des Kontingents erhoben wird.

Auf die Frist von sechs Monaten finden die Vorschriften der §§ 203, 206 des Bürgerlichen Gesetzbuchs[1]) entsprechende Anwendung.

Für die Klage sind die Landgerichte ohne Rücksicht auf den Wert des Streitgegenstandes ausschließlich zuständig.

[1]) Vgl. S. 42.

§ 43 (MVG.).

(Fällt weg.)

Zweiter Teil.

Kaiserliche Marine.

Zuständigkeit.

§ 60 (MVG.).

Die Befugnisse, die im ersten Teile dieses Gesetzes der obersten Militärverwaltungsbehörde des Kontingents übertragen sind, werden für den Bereich der Kaiserlichen Marine von der obersten Marineverwaltungsbehörde ausgeübt.

§ 61 (MVG.).

(Fällt weg.)

Dritter Teil.
Kaiserliche Schutztruppen in den afrikanischen Schutzgebieten.

Zuständigkeit.

§ 72 (MVG.).

Die Befugnisse, die im ersten Teile dieses Gesetzes der obersten Militärverwaltungsbehörde des Kontingents übertragen sind, werden für den Bereich der Kaiserlichen Schutztruppen von der Kolonialzentralverwaltung ausgeübt.

§ 73 (MVG.).

(Fällt weg).

II. Offizierpensionsgesetz.

Erster Teil.
Reichsheer.

Verwaltungsverfahren.

§ 19 (OPG.).

Die Feststellung und Anweisung der Pensionsgebührnisse erfolgt durch die oberste Militärverwaltungsbehörde des Kontingents; diese kann ihre Befugnisse auf andere Behörden übertragen, wenn sie ihr nicht durch dieses Gesetz ausdrücklich vorbehalten sind.

Die Vorschriften der §§ 29, 31 des Mannschaftsversorgungsgesetzes vom 31. Mai 1906 finden entsprechende Anwendung.

Spruchverfahren und Rechtsweg.

§ 39 (OPG.).

Gegen die Bescheide der Behörden, die im Verwaltungsverfahren über Ansprüche auf Feststellung von Versorgungsgebührnissen aus diesem Gesetz an letzter Stelle entscheiden, ist der Rechtszug im Spruchverfahren der Militärversorgung zulässig.

Gegen die Bescheide der Behörden, die im Pensionsregelungsverfahren entscheiden, ist der ordentliche Rechtsweg mit folgender Maßgabe zulässig:

1. *Der Militärfiskus wird durch die oberste Militärverwaltungsbehörde des Kontingents vertreten.*
2. *Der Bescheid der obersten Militärverwaltungsbehörde des Kontingents muß der Klage vorhergehen; das Klagerecht geht verloren, wenn der im Regelungsverfahren zugelassene Einspruch nicht rechtzeitig eingelegt oder wenn die Klage nicht bis zum Ablauf von sechs Monaten nach der Zustellung des Bescheids der obersten Militärverwaltungsbehörde des Kontingents erhoben wird.*

Auf die Frist von sechs Monaten finden die Vorschriften der §§ 203, 206 des Bürgerlichen Gesetzbuchs[1]) entsprechende Anwendung.

Für die Klage sind die Landgerichte ohne Rücksicht auf den Wert des Streitgegenstandes ausschließlich zuständig.

[1]) Vgl. S. 42.

§ 40 (OPG.).

(Fällt weg.)

Zweiter Teil.
Kaiserliche Marine.

Zuständigkeit.

§ 60 (OPG.).

Die Befugnisse, die im ersten Teile dieses Gesetzes der obersten Militärverwaltungsbehörde des Kontingents übertragen sind, werden für den Bereich der Kaiserlichen Marine von der obersten Marineverwaltungsbehörde ausgeübt.

(Abs. 2 fällt weg.)

Dritter Teil.
Kaiserliche Schutztruppen in den afrikanischen Schutzgebieten.

Zuständigkeit.

§ 73 (OPG.).

Die Befugnisse, die im ersten Teile dieses Gesetzes der obersten Militärverwaltungsbehörde oder nach den im § 72 [1]) bezeichneten Vorschriften der obersten Reichsbehörde zustehen, werden für den Bereich der Kaiserlichen Schutztruppen von der Kolonialzentralverwaltung ausgeübt.

(Abs. 2 fällt weg).

[1]) Der § 72 OPG. betrifft die Beamten der Schutztruppen.

III. Militärhinterbliebenengesetz.

Erster Teil.
Reichsheer.

§ 28 (MHG.).

Die Festsetzung des Witwen- und Waisengeldes sowie der Kriegsversorgung und die Bestimmung darüber, an wen die Zahlung zu leisten ist, erfolgt durch die oberste Militärverwaltungsbehörde des Kontingents, dem der Verstorbene zuletzt angehört hat, oder, wenn er einem Kontingente nicht angehört hat, durch die oberste Militärverwaltungsbehörde des Kontingents, in dessen Bezirk er zuletzt gewohnt hat.

Die oberste Militärverwaltungsbehörde kann die Befugnisse auf andere Behörden übertragen.

Die Vorschriften der §§ 29, 31 des Mannschaftsversorgungsgesetzes vom 31. Mai 1906 finden entsprechende Anwendung.

§ 35 (MHG.).

Gegen die Bescheide der Behörden, die im Verwaltungsverfahren über Ansprüche auf Feststellung von Versorgungsgebührnissen aus diesem Gesetz an letzter Stelle entscheiden, ist der Rechtszug im Spruchverfahren der Militärversorgung zulässig.

Gegen die Bescheide der Behörden, die im Pensionsregelungsverfahren entscheiden, ist der ordentliche Rechtsweg mit folgender Maßgabe zulässig:

1. *Der Militärfiskus wird durch die oberste Militärverwaltungsbehörde des Kontingents vertreten.*

2. *Der Bescheid der obersten Militärverwaltungsbehörde des Kontingents muß der Klage vorhergehen; das Klagerecht geht verloren, wenn der im Regelungsverfahren zugelassene Einspruch nicht rechtzeitig eingelegt oder wenn die Klage nicht bis zum Ablauf von sechs Monaten nach der Zustellung des Bescheids der obersten Militärverwaltungsbehörde des Kontingents erhoben wird.*

Auf die Frist von sechs Monaten finden die Vorschriften der §§ 203, 206 des Bürgerlichen Gesetzbuchs[1]*) entsprechende Anwendung.*

Für die Klage sind die Landgerichte ohne Rücksicht auf den Wert des Streitgegenstandes ausschließlich zuständig.

[1]) Vgl. S. 42.

§ 36 (MHG.).

(Fällt weg.)

Zweiter Teil.
Kaiserliche Marine.

§ 39 (MHG.).

Die Befugnisse, die im ersten Teile dieses Gesetzes der obersten Militärverwaltungsbehörde des Kontingents übertragen sind, werden für den Bereich der Kaiserlichen Marine von der obersten Marineverwaltungsbehörde ausgeübt.

§ 46 (MHG.).

(Fällt weg).

Dritter Teil.
Kaiserliche Schutztruppen in den afrikanischen Schutzgebieten.

§ 48 (MHG.).

Die Befugnisse, die im ersten Teile dieses Gesetzes der obersten Militärverwaltungsbehörde des Kontingents übertragen sind, werden für den Bereich der Kaiserlichen Schutztruppen von der Kolonialzentralverwaltung ausgeübt.

§ 51 (MHG.)

(Fällt weg.)

III. Verordnungen des Reichsarbeitsministers.

1. Bestimmungen des Reichsarbeitsministers über die Militärversorgungsgerichte und das Reichs-Militärversorgungsgericht sowie über das Verfahren vor ihnen. Vom 18. Februar 1919 (RGBl. S. 217).

Auf Grund des Artikel II § 22 Abs. 1 der Verordnung über Änderung des Verfahrens in Militärversorgungssachen vom 1. Februar 1919 (Reichs-Gesetzblatt S. 149)*) wird über die Militärversorgungsgerichte und das Reichs-Militärversorgungsgericht sowie über das Verfahren vor ihnen folgendes bestimmt:

A. Verfassung der Gerichte.

I. Militärversorgungsgerichte.

Leitung.

§ 1.

Der Vorsitzende des Militärversorgungsgerichts leitet und verteilt die Geschäfte und beaufsichtigt den gesamten Dienst.

Ist das Oberversicherungsamt, bei dem das Militärversorgungsgericht errichtet ist, an eine höhere Reichs- oder Staatsbehörde angegliedert, so nimmt der Direktor des Militärversorgungsgerichts die Geschäfte des Vorsitzenden wahr, soweit dieser sie sich nicht vorbehält.

§ 2.

Die Vertretung des Direktors des Militärversorgungsgerichts wird von der obersten Verwaltungsbehörde geregelt.

Gemeinsame Militärversorgungsgerichte.

§ 3.

Gemeinsame Militärversorgungsgerichte (Artikel II § 2 Abs. 1 Satz 2 der Verordnung vom 1. Februar 1919)**) werden von der obersten Verwaltungsbehörde oder, wenn sich ihr Bezirk über das Gebiet eines Bundesstaats hinaus erstrecken soll, von den beteiligten Landesregierungen errichtet.

---

*) Die VO. vom 1. II. 1919 ist S. 40ff. abgedruckt.

**) Vgl. S. 43

Auswärtige Kammern.

§ 4.

Hat ein Oberversicherungsamt eine Spruchkammer außerhalb seines Sitzes, so kann bei ihr auch eine Kammer des Militärversorgungsgerichts gebildet werden.

Vorsitz in den Kammern.

§ 5.

Den Vorsitz in den Kammern des Militärversorgungsgerichts führt der Vorsitzende oder der Direktor des Militärversorgungsgerichts. Die oberste Verwaltungsbehörde bestellt nach Bedarf weitere Vorsitzende für die Kammern aus den anderen Mitgliedern des Oberversicherungsamts für die Dauer ihrer Beschäftigung bei diesem.

Beisitzer.

§ 6.

Die oberste Verwaltungsbehörde beruft die als Beisitzer der Kammern zuzuziehenden richterlichen Mitglieder ordentlicher Gerichte.

§ 7.

Die obersten Militärverwaltungsbehörden bestellen die als Beisitzer zuzuziehenden Vertreter der Militärverwaltung.

§ 8.

Die als Beisitzer zuzuziehenden versorgungsberechtigten, aus dem aktiven Militärdienst ausgeschiedenen Personen werden nach Anhören der im Bezirke des Militärversorgungsgerichts vertretenen Verbände von Versorgungsberechtigten von den Hauptfürsorgeorganisationen der Kriegsbeschädigtenfürsorge oder den ihre Aufgaben übernehmenden Organisationen bestellt, deren Bezirk sich auf den des Oberversicherungsamts erstreckt. Sind mehrere Organisationen beteiligt, so regeln sie die Verteilung unter sich. Kommt keine Einigung zustande, so entscheidet der Reichsausschuß der Kriegsbeschädigtenfürsorge oder die seine Aufgaben übernehmende Körperschaft. Die oberste Verwaltungsbehörde kann über die Bestellung näheres bestimmen. Sie setzt für jedes Oberversicherungsamt die Zahl der zuzuziehenden Versorgungsberechtigten fest.

§ 9.

Die Vertreter der Militärverwaltung (§ 7) und die Versorgungsberechtigten (§ 8) werden für den Bereich des Heeres, der Marine und der Schutztruppen gesondert bestellt.

§ 10.

Ein Beisitzer darf nicht zugleich Beisitzer beim Reichs-Militärversorgungsgerichte sein.

§ 11.

Als Beisitzer aus den Versorgungsberechtigten (§ 8) kann nicht bestellt werden:

1. wer infolge strafgerichtlicher Verurteilung die Fähigkeit zur Bekleidung öffentlicher Ämter verloren hat oder wegen eines

Verbrechens oder Vergehens, das den Verlust dieser Fähigkeit zur Folge haben kann, verfolgt wird, falls gegen ihn das Hauptverfahren eröffnet ist,

2. wer entmündigt ist oder unter vorläufiger Vormundschaft steht.

§ 12.

Ein Versorgungsberechtigter (§ 8) kann die Übernahme des Amtes als Beisitzer nur ablehnen, wenn er:

1. das sechzigste Lebensjahr vollendet hat,
2. mehr als vier minderjährige eheliche oder legitimierte Kinder hat; Kinder, die ein anderer an Kindes Statt angenommen hat, werden dabei nicht gerechnet,
3. durch Krankheit oder Gebrechen verhindert ist, das Amt ordnungsmäßig zu führen,
4. mehr als eine Vormundschaft oder Pflegschaft führt. Die Vormundschaft oder Pflegschaft über mehrere Geschwister gilt nur als eine, zwei Gegenvormundschaften stehen einer Vormundschaft, ein Ehrenamt der Reichsversicherung einer Gegenvormundschaft gleich.

Wer die Übernahme des Amtes ohne zulässigen Grund ablehnt, kann vom Vorsitzenden des Militärversorgungsgerichts mit Geldstrafe bis zu dreihundert Mark bestraft werden.

Der Vorsitzende des Militärversorgungsgerichts kann einen Versorgungsberechtigten auf seinen Antrag von dem Amte entbinden, wenn ein wichtiger Grund vorliegt.

Auf Beschwerde über die Bestrafung (Abs. 2) sowie über die Ablehnung des Antrags (Abs. 3) entscheidet die oberste Verwaltungsbehörde.

§ 13.

Solange und soweit keine Bestellung von Versorgungsberechtigten (§ 8) zustande kommt oder die Bestellten die Dienstleistung verweigern, beruft der Vorsitzende des Militärversorgungsgerichts Beisitzer aus der Zahl der Personen, die als solche bestellt werden können.

§ 14.

Werden von einem Beisitzer aus den Versorgungsberechtigten (§ 8) Tatsachen bekannt, die seine Bestellung ausschließen oder eine grobe Verletzung seiner Amtspflicht darstellen, so enthebt der Vorsitzende des Militärversorgungsgerichts ihn seines Amtes. Der Beisitzer ist einstweilen zu den Sitzungen nicht zuzuziehen. Vor der Enthebung ist ihm Gelegenheit zur Äußerung zu geben.

Die Beisitzer aus den Versorgungsberechtigten (§ 8) haben dem Vorsitzenden des Militärversorgungsgerichts anzuzeigen, wenn infolge einer Änderung in ihren persönlichen Verhältnissen die Voraussetzungen für ihre Bestellung wegfallen.

Auf Beschwerde gegen die Enthebung entscheidet die oberste Verwaltungsbehörde.

§ 15.

Die richterlichen Mitglieder ordentlicher Gerichte sind für die Dauer ihres Hauptamts zu berufen. Sie können bei vorübergehendem Bedürfnis auch auf Zeit berufen werden.

Die übrigen Beisitzer werden für je vier Kalenderjahre bestellt. Sie bleiben auch nach Ablauf dieser Zeit im Amte, bis ihre Nachfolger eintreten. Wer ausscheidet, kann wiederbestellt werden.

Die oberste Militärverwaltungsbehörde kann die Bestellung eines Vertreters der Militärverwaltung im Falle seiner Versetzung nach einem anderen Orte widerrufen.

§ 16.

Der Vorsitzende des Militärversorgungsgerichts setzt im voraus für jedes Kalenderjahr die Reihenfolge fest, in der die Beisitzer zu den Verhandlungen der Kammern zuzuziehen sind. Von der Reihenfolge darf nur aus wichtigen Gründen abgewichen werden. Die Gründe sind in den Akten zu vermerken.

Als Vertreter der Militärverwaltung und als Versorgungsberechtigte (§ 8) sind zu den Verhandlungen die für den entsprechenden Bereich (§ 9) bestellten Beisitzer zuzuziehen. Ist die Zuziehung von Beisitzern für den Bereich der Marine oder der Schutztruppen wegen großer Entfernung ihres Wohnorts vom Sitze der Kammer oder aus anderen Gründen untunlich, so können statt ihrer Beisitzer für den Bereich des Heeres zugezogen werden, sofern es sich nicht um besondere, der Marine oder den Schutztruppen eigentümliche Verhältnisse handelt. Die Gründe sind in den Akten zu vermerken.

Handelt es sich um Ansprüche von Beschädigten, deren Höhe von dem Grade der Erwerbsunfähigkeit abhängt, so sollen bei der Zuziehung der Beisitzer aus den Versorgungsberechtigten (§ 8) möglichst die Berufskreise der Beschädigten (Arbeiter, Angestellte usw.) berücksichtigt werden.

§ 17.

Der Vorsitzende des Militärversorgungsgerichts verpflichtet die Vertreter der Militärverwaltung und die Versorgungsberechtigten (§ 8) vor der ersten Verhandlung, an der sie teilnehmen, durch Handschlag auf die gewissenhafte Erfüllung ihrer Pflichten. Die Verpflichtung gilt für die Dauer der Bestellung. Bei Wiederbestellung genügt die Verweisung auf die frühere Verpflichtung.

Über die Verpflichtung ist eine Niederschrift aufzunehmen.

§ 18.

Der Vorsitzende des Militärversorgungsgerichts kann gegen einen Versorgungsberechtigten (§ 8), der sich der Erfüllung seiner Pflichten als Beisitzer entzieht, eine Geldstrafe bis zu dreißig Mark, im Wiederholungsfalle bis zu dreihundert Mark verhängen. Er hat die Strafe zurückzunehmen, wenn nachträglich eine genügende Entschuldigung nachgewiesen wird.

Auf Beschwerde entscheidet die oberste Verwaltungsbehörde.

§ 19.

Die Beschwerde (§ 12 Abs. 4, § 14 Abs. 3, § 18 Abs. 2) ist binnen einem Monat nach der Zustellung der Verfügung einzulegen.

§ 20.

Für die gegen Beisitzer verhängten Geldstrafen gilt Artikel II § 21 Abs. 2 Satz 2 der Verordnung vom 1. Februar 1919[1]) entsprechend. Die Strafen werden wie Gemeindeabgaben beigetrieben.

[1]) Vgl. S. 48.

§ 21.

Für die Teilnahme an den Sitzungen des Militärversorgungsgerichts erhalten die Beisitzer aus den Versorgungsberechtigten (§ 8) ein Tagegeld von zehn Mark, sofern sie jedoch außerhalb des Sitzungsorts wohnen, ein Tagegeld nach Klasse IV des § 1 der Verordnung, betreffend die Tagegelder, die Fuhrkosten und die Umzugskosten der Reichsbeamten, vom 8. September 1910 (Reichs-Gesetzbl. S. 993)[1]) und Ersatz der Kosten für Hin- und Rückreise. An Fuhrkosten wird bei Eisenbahnfahrten der Betrag für die zweite Wagenklasse, bei Benutzung von Schiffen der Betrag für die erste Klasse erstattet, wenn der Fahrpreis für die zweite Wagenklasse oder die erste Schiffsklasse bezahlt ist.

Der Nachweis, für welche Wagen- oder Schiffsklasse der Fahrpreis bezahlt ist, wird durch Versicherung des Beisitzers geführt.

[1]) Der angezogene § 1 der Verordnung vom 8. September 1910 lautet, soweit er hier in Betracht kommt:

„Die Reichsbeamten erhalten bei Dienstreisen Tagegelder nach den folgenden Sätzen:

IV. Die Mitglieder der übrigen Reichsbehörden . . . . 15 Mark.

Wird die Dienstreise an demselben Tage angetreten und beendet, so werden ermäßigte Tagegelder gewährt, und zwar . . . . . . bei IV 12 Mark . . . . . .

Erstreckt sich die Dienstreise auf zwei Tage und wird sie innerhalb 24 Stunden beendet, so wird das Einundeinhalbfache der Sätze unter I bis VII gewährt."

Bestellung von Hilfskräften.

§ 22.

Die für das Militärversorgungsgericht erforderlichen Hilfskräfte werden aus den Beamten und Angestellten des Oberversicherungsamts von dem Vorsitzenden des Amtes bestellt.

Vertrauensärzte.

§ 23.

Das Militärversorgungsgericht wählt je für vier Kalenderjahre, in der Regel nach Anhören der zuständigen Ärztevertretung, aus seinem Bezirke die Ärzte aus, die zu den Verhandlungen des Militärversorgungsgerichts als Sachverständige nach Bedarf zuzuziehen sind. Sie müssen mindestens zur Hälfte am Sitze des Militärversorgungsgerichts wohnen.

Über die Auswahl beschließen nach Stimmenmehrheit der Vorsitzende des Militärversorgungsgerichts sowie von den Beisitzern des Militärversorgungsgerichts zwei Vertreter der Militärverwaltung und zwei versorgungsberechtigte, aus dem aktiven Militärdienst ausgeschiedene Personen der Unterklassen des Soldatenstandes. Die Vertreter der Militärverwaltnng werden von der obersten Militärverwaltungsbehörde bestimmt. Von den Versorgungsberechtigten nehmen die beiden dem Lebensalter nach ältesten teil.

Die Namen der Gewählten sind öffentlich bekanntzumachen.

Die oberste Verwaltungsbehörde regelt die Durchführung dieser Bestimmungen.

Aufsicht.

§ 24.

Die Aufsicht der obersten Verwaltungsbehörde über die Oberversicherungsämter (§ 79 Abs. 1 der Reichsversicherungsordnung)[1]) erstreckt sich auch auf die Militärversorgungsgerichte.

[1]) Der § 79 Abs. 1 RVO. lautet: „Die oberste Verwaltungsbehörde führt die Aufsicht über das Oberversicherungsamt."

II. Reichs-Militärversorgungsgericht.

Leitung.

§ 25.

Der Präsident des Reichs-Militärversorgungsgerichts leitet und verteilt, vorbehaltlich der §§ 28 und 30, die Geschäfte und beaufsichtigt den gesamten Dienst.

§ 26.

Den Präsidenten vertritt bei Behinderung der Direktor des Reichs-Militärversorgungsgerichts. Im übrigen leitet dieser die Geschäfte unter der Oberleitung des Präsidenten. Er zeichnet die nicht von einem Senate zu entscheidenden Sachen und vollzieht die Ausfertigungen, soweit sich nicht der Präsident die Zeichnung und Vollziehung vorbehält.

Bei Behinderung des Direktors vertreten ihn die beim Reichs-Militärversorgungsgerichte beschäftigten Senatspräsidenten und anderen ständigen Mitglieder des Reichsversicherungsamts in der Reihenfolge des Dienstalters. Das Reichsarbeitsministerium kann die Vertretung anders regeln.

Vorsitz in den Senaten.

§ 27.

Den Vorsitz in den Senaten führt der Präsident oder der Direktor des Reichs-Militärversorgungsgerichts. Das Reichsarbeitsministerium bestellt nach Bedarf weitere Vorsitzende aus den Direktoren oder den Senatspräsidenten des Reichsversicherungsamts für die Dauer ihres Amtes. Ein zum Vorsitzenden bestellter Senatspräsident führt die Amtsbezeichnung: „Senatspräsident beim Reichs-Militärversorgungsgerichte".

Geschäftsverteilung.

§ 28.

Über die Zuteilung der Vorsitzenden auf die Senate und über die Verteilung der Sachen auf diese beschließen für je ein Kalenderjahr im voraus der Präsident, der Direktor und die beiden dienstältesten Senatspräsidenten beim Reichs-Militärversorgungsgerichte sowie der dienstälteste Beisitzer aus den ständigen Mitgliedern des Reichsversicherungsamts nach Stimmenmehrheit. Bei Stimmengleichheit gibt die Stimme des Präsidenten den Ausschlag.

Beisitzer.

§ 29.

Die als Beisitzer der Senate zuzuziehenden ständigen Mitglieder des Reichsversicherungsamts werden vom Reichsarbeitsministerium für die Dauer ihres Amtes bestellt.

Das Reichsarbeitsministerium beruft auch die als Beisitzer zuzuziehenden richterlichen Mitglieder ordentlicher Gerichte. Diese sind tunlichst aus Richtern in höheren Stellungen zu berufen. Der § 15 Abs. 1 gilt entsprechend.

Die versorgungsberechtigten, aus dem aktiven Militärdienst ausgeschiedenen Personen werden nach Anhören von Verbänden Versorgungsberechtigter von dem Reichsausschusse der Kriegsbeschädigtenfürsorge oder der seine Aufgaben übernehmenden Körperschaft bestellt. Das Reichsarbeitsministerium kann Näheres bestimmen. Es setzt die Zahl der zuzuziehenden Versorgungsberechtigten fest.

Im übrigen gelten die §§ 7, 9, 11 bis 14, 15 Abs. 2, 3, § 16 Abs. 2 Satz 1, §§ 17, 18 entsprechend; in den Fällen des § 12 Abs. 2, 3, des § 14 Abs. 1 Satz 1 und des § 18 Abs. 1 entscheidet jedoch der Präsident des Reichs-Militärversorgungsgerichts endgültig. Geldstrafen fließen in die Reichskasse; sie werden wie Gemeindeabgaben beigetrieben.

§ 30.

Die für die Geschäftsverteilung nach § 28 zuständige Stelle setzt für bestimmte Zeiträume, in der Regel für die Dauer eines Vierteljahrs, im voraus fest, in welchen Senaten und an welchen Tagen die Beisitzer an den Sitzungen teilnehmen.

§ 31.

Der Präsident des Reichs-Militärversorgungsgerichts regelt im einzelnen Falle die Vertretung verhinderter Vorsitzender und Beisitzer.

§ 32.

Die als Beisitzer der Senate zuzuziehenden Vertreter der Militärverwaltung und die Versorgungsberechtigten (§ 29 Abs. 3) sollen mindestens zwei Wochen vor den Sitzungen einberufen werden.

§ 33.

Für die Tagegelder und Reisekosten der Beisitzer aus den Versorgungsberechtigten (§ 29 Abs. 3) gilt § 21 entsprechend.

Bestellung von Hilfskräften.

§ 34.

Die für das Reichs-Militärversorgungsgericht erforderlichen Hilfskräfte werden aus den Beamten und Angestellten des Reichsversicherungsamts vou dem Präsidenten des Amtes bestellt.

Großer Senat.

§ 35.

Den Vorsitz im Großen Senate (Artikel II § 6 der Verordnung vom 1. Februar 1919)[1]) führt der Präsident oder der Direktor des Reichs-Militärversorgungsgerichts. Die Beisitzer werden von der nach § 28 für die Geschäftsverteilung zuständigen Stelle für ein Kalenderjahr im voraus bestimmt. Dabei sind für jeden Beisitzer mindestens zwei Stellvertreter zu bezeichnen, die bei Behinderung der zunächst benannten Mitglieder in der Reihenfolge ihrer Bezeichnung eintreten.

Der verweisende Senat hat eines seiner Mitglieder zu bestimmen, das für die Entscheidung der Sache als Beisitzer in den Großen Senat eintritt. Gehört es diesem nicht schon an, so scheidet das dem Dienstalter nach jüngere Mitglied der gleichen Gruppe des Großen Senats für die Entscheidung der Sache aus.

[1]) Vgl. S. 44.

Gesamtsitzungen.

§ 36.

Wichtige Angelegenheiten, insbesondere zweifelhafte Rechtsfragen, können auf Anordnung des Präsidenten oder des Direktors des Reichs-Militärversorgungsgerichts in Gesamtsitzungen erörtert werden.

Die Abstimmung in der Sitzung bindet nicht für eine spätere Abstimmung in einem Senate.

§ 37.

Zur Teilnahme an einer Gesamtsitzung sind einzuladen:

1. die beim Reichs-Militärversorgungsgerichte beschäftigten ständigen Mitglieder und Hilfsarbeiter des Reichsversicherungsamts,
2. die Beisitzer des Großen Senats, die in Berlin oder seiner näheren Umgebung wohnen oder am Sitzungstage in Berlin anwesend sein werden, soweit sie nicht schon nach Nr. 1 einzuladen sind. Ist ein Beisitzer verhindert, so ist tunlichst sein nach § 35 Abs. 1 Satz 3 zur Vertretung berufener Stellvertreter einzuladen.

Bei der Einladung ist die Tagesordnung mitzuteilen.

B. Verfahren.

I. Allgemeines.

Einlegung der Rechtsmittel.

§ 38.

Die Rechtsmittel sind schriftlich einzulegen, können auch zu Protokoll erklärt werden.

Sie werden innerhalb der gesetzlichen Verfahrensfristen bei der Stelle eingelegt, die zu entscheiden hat.

Die Frist gilt auch dann als gewahrt, wenn das Rechtsmittel rechtzeitig bei einer anderen deutschen amtlichen Stelle oder bei einem Träger der Reichsversicherung eingegangen ist. Die Rechtsmittelschrift ist unverzüglich an die zuständige Stelle abzugeben; der Antragsteller ist zu benachrichtigen.

§ 39.

Bei Einlegung des Rechtsmittels sollen die Beteiligten, der Gegenstand des Anspruchs, die angefochtene Entscheidung bezeichnet, ein bestimmter Antrag gestellt und die zur Begründung erforderlichen Tatsachen und Beweismittel angegeben werden.

§ 40.

Die Rechtsmittel sollen von dem Antragsteller oder von seinem gesetzlichen Vertreter oder von einem Bevollmächtigten unterschrieben sein. Das gleiche gilt für die übrigen Schriftsätze.

Fristen.

§ 41.

Für die Berechnung der Fristen gelten die §§ 124 bis 127 der Reichsversicherungsordnung entsprechend, ebenso für die Wiedereinsetzung in den vorigen Stand gegen die Versäumung einer gesetzlichen Verfahrensfrist die §§ 131 bis 134 der Reichsversicherungsordnung [1]).

[1]) Die angezogenen Vorschriften der RVO. lauten:

§ 124. Richtet sich der Anfang einer Frist nach einem Ereignis oder Zeitpunkt, so beginnt die Frist mit dem Tage, der auf das Ereignis oder den Zeitpunkt folgt.

Wird eine Frist verlängert, so beginnt die neue mit Ablauf der alten Frist.

§ 125. Eine nach Tagen bestimmte Frist endigt mit dem Ablauf ihres letzten Tages, eine nach Wochen oder Monaten bestimmte Frist mit dem Ablauf desjenigen Tages der letzten Woche oder des letzten Monats, welcher nach Benennung oder Zahl dem Tage entspricht, in den das Ereignis oder der Zeitpunkt fällt.

Fehlt dem letzten Monat der entsprechende Tag, so endigt die Frist mit dem Monat.

§ 126. Braucht ein Zeitraum von Monaten oder Jahren nicht zusammenhängend zu verlaufen, so wird der Monat zu dreißig, das Jahr zu dreihundertfünfundsechzig Tagen gerechnet.

§ 127. Fällt der für eine Willenserklärung oder Leistung oder den Ablauf einer Frist gesetzte Tag auf einen Sonntag oder einen allgemeinen Feiertag, der am Erklärungs- oder Leistungsorte staatlich anerkannt ist, so gilt dafür der nächstfolgende Werktag.

Für die Dauer von Leistungen, zu denen ein Versicherungsträger verpflichtet ist, gilt diese Vorschrift nicht.

§ 131. Ist ein Beteiligter durch Naturereignisse oder andere unabwendbare Zufälle verhindert worden, eine gesetzliche Verfahrensfrist einzuhalten, so wird ihm auf Antrag die Wiedereinsetzung in den vorigen Stand erteilt.

Die Wiedereinsetzung wird auf Antrag auch dann erteilt, wenn das verspätet eingelaufene Schriftstück der Post mindestens drei Tage vor Ablauf der Frist zur Bestellung übergeben worden ist.

§ 132. Die Wiedereinsetzung ist im Falle des § 131 Abs. 1 binnen einer Frist zu beantragen, deren Dauer durch die Dauer der versäumten Frist bestimmt wird. Die Frist beginnt mit dem Tage, an dem das Hindernis gehoben ist.

In den Fällen des § 131 Abs. 2 ist die Wiedereinsetzung binnen einem Monat zu beantragen. Die Frist beginnt mit dem Tage, an welchem dem Beteiligten bekannt wird, daß er die Frist versäumt hat.

Nach Ablauf von zwei Jahren, vom Ende der versäumten Frist an, kann die Wiedereinsetzung nicht mehr beantragt werden.

§ 133. Der Antrag auf Wiedereinsetzung soll

1. die Tatsachen angeben, welche die Wiedereinsetzung begründen,
2. die Mittel bezeichnen, diese Tatsachen glaubhaft zu machen, und
3. die versäumte Handlung nachholen, wenn es nicht bereits geschehen ist.

Er wird bei der Stelle angebracht, bei der die Frist versäumt ist; § 129 Abs. 2, 3 gilt entsprechend. Die Stelle entscheidet, die über die nachgeholte Handlung zu entscheiden hat.

§ 134. Das Verfahren über den Antrag wird mit dem über die nachgeholte Handlung verbunden, doch kann auch zunächst über den Antrag allein verhandelt und entschieden werden.

Für die Entscheidung über die Zulässigkeit des Antrags und ihre Anfechtung gelten dieselben Vorschriften wie für die nachgeholte Handlung.

Streit über die Zuständigkeit.

§ 42.

Hält das Militärversorgungsgericht ein anderes für zuständig, so gibt es die Sache an dieses weiter.

Hält sich auch dieses nicht für zuständig, so entscheidet das Reichs-Militärversorgungsgericht ohne mündliche Verhandlung.

Die Entscheidung ist endgültig und bindet die Instanzen.

Prüfung der Prozeßfähigkeit und der gesetzlichen Vertretung.

§ 43.

Die Prozeßfähigkeit einer Partei nnd die Vertretungsbefugnis eines gesetzlichen Vertreters sind vom Amts wegen zu prüfen.

§ 44.

Für nicht prozeßfähige Parteien ohne gesetzliche Vertreter hat der Vorsitzende die Bestellung eines Vormundes oder Pflegers zu veranlassen. Bis zu dessen Eintritt kann der Vorsitzende der Partei für das Verfahren einen besonderen Vertreter bestellen. Diesem stehen in dem Verfahren alle Parteirechte außer der Empfangnahme von Zahlungen zu.

Die Bestellung eines besonderen Vertreters ist auch zulässig, wenn der Aufenthaltsort der Partei oder ihres gesetzlichen Vertreters unbekannt oder vom Sitze des zur Entscheidung berufenen Gerichts weit entfernt ist.

Der nicht prozeßfähige Kläger ist auf sein Verlangen selbst zu hören.

Die Kosten des besonderen Vertreters gelten als Parteikosten.

Bevollmächtigte und Beistände.

§ 45.

Die Parteien können sich durch Bevollmächtigte vertreten lassen.

Die Vollmacht muß schriftlich erteilt werden. Sie ist von Amts wegen zu prüfen.

Ehegatten, Verwandte oder Verschwägerte der aufsteigenden Linie und volljährige Verwandte oder Verschwägerte der absteigenden Linie können auch ohne den Nachweis der Vollmacht zur Vertretung zugelassen werden. Das gleiche gilt für die im Artikel II § 15 Abs. 3 Satz 2 der Verordnung vom 1. Februar 1919[1]) bezeichneten Personen; doch ist diesen die Nachbringung einer schriftlichen Vollmacht aufzugeben.

Die Partei muß die Prozeßführung gegen sich gelten lassen, wenn sie auch nur mündlich Vollmacht erteilt oder wenn sie die Prozeßführung ausdrücklich oder stillschweigend genehmigt hat.

[1]) Vgl. S. 47.

§ 46.

Bei den Verhandlungen können die Parteien mit einer prozeßfähigen Person als Beistand erscheinen.

Beteiligung Dritter.

§ 47.

Dritte, die an dem Ausgang des Verfahrens ein berechtigtes Interesse haben, können auf Antrag oder von Amts wegen zum Verfahren zugezogen werden.

Solche Dritte sind auch ohne Zuziehung jederzeit berechtigt, dem Verfahren beizutreten, Ausführungen zu machen und Anträge zu stellen. Sie sind im Falle der Zuziehung oder des Beitritts von dem Gange und dem Ausgang des Verfahrens in Kenntnis zu setzen. Die §§ 43 bis 46, 48 gelten entsprechend.

II. Das Verfahren vor den Militärversorgungsgerichten.

1. Verfahren vor der mündlichen Verhandlung.

Beifügung von Abschriften. Mitteilung an die Beteiligten.

§ 48.

Von den Rechtsmittelschriften ist für jeden Beteiligten eine Abschrift beizufügen. Fehlen die Abschriften, so kann das Militärversorgungsgericht dem Antragsteller aufgeben, sie nachzureichen, oder sie selbst anfertigen lassen; die Kosten können von dem Antragsteller eingezogen werden.

Der Vorsitzende teilt der Gegenpartei eine Abschrift des Rechtsmittels mit dem Anheimgeben mit, binnen einer bestimmten Frist, die in der Regel nicht über zwei Wochen zu bemessen ist, eine Gegenschrift einzureichen. Dabei ist zu vermerken, daß auch verhandelt und entschieden werden kann, wenn die Gegenschrift innerhalb der Frist nicht eingeht. Die Frist kann auf Antrag verlängert werden.

Der Gegenschrift und etwaigen weiteren Schriftsätzen sind für die Beteiligten die erforderlichen Abschriften beizufügen. Ist eine Abschrift der Gegenschrift nicht eingereicht, so ist Abs. 1 Satz 2 anzuwenden. Das gleiche gilt von weiteren Schriftsätzen, falls sie neue und wesentliche Ausführungen enthalten.

Von Schriftstücken, die als Beweismittel dienen sollen, sind ebenfalls Abschriften für die Beteiligten beizufügen. Inwieweit hiervon abgesehen werden kann, unterliegt dem Ermessen des Vorsitzenden.

Einforderung der Vorverhandlungen.

§ 49.

Die Vorverhandlungen sind unverzüglich einzufordern. Sie umfassen die sämtlichen Schriftstücke über den Anspruch, die bei der Militärverwaltung vorhanden sind, einschließlich derjenigen, welche sich in Vorakten befinden oder etwa im Laufe des Verfahrens neu entstanden sind. Die neuen Schriftstücke sind auch ohne Auffordern unverzüglich nachzureichen.

Zustellungen.

§ 50.

Zustellungen, die eine Frist in Lauf setzen, können durch eingeschriebenen Brief geschehen.

Der Postschein begründet nach zwei Jahren seit seiner Ausstellung die Vermutung dafür, daß in der ordnungsmäßigen Frist nach der Einlieferung zugestellt worden ist.

§ 51.

Wer nicht im Inland wohnt, hat auf Verlangen einen Zustellungsbevollmächtigten zu benennen.

Ist der Aufenthalt unbekannt oder wird der Zustellungsbevollmächtigte nicht in der gesetzten Frist benannt, so kann die Zustellung durch einwöchigen Aushang in den Geschäftsräumen des Gerichts ersetzt werden; die Frist darf nicht kürzer als ein Monat sein.

Berichterstattung.

§ 52.

Der Vorsitzende der Kammer bestellt in den einzelnen Sachen einen oder mehrere Berichterstatter, soweit er nicht selbst die Berichterstattung übernimmt.

Die zu Berichterstattern bestellten Beisitzer haben vor der Verhandlung einen Bericht nebst Gutachten zu den Akten zu geben.

Die Versorgungsberechtigten (§ 8) sind nicht verpflichtet, die Berichterstattung zu übernehmen.

Beweisaufnahme vor der mündlichen Verhandlung.

§ 53.

Ist die Sache nicht genügend aufgeklärt, so kann der Vorsitzende vor der mündlichen Verhandlung weitere Ermittlungen anstellen. Er kann insbesondere durch Vernehmung von Zeugen und Sachverständigen, Einnahme des Augenscheins, Einholung ärztlicher Gutachten und amtlicher Auskünfte jeder Art Beweis erheben. Ist ein Beisitzer zum Berichterstatter bestellt, so ist sein Einverständnis erforderlich; der Vorsitzende kann ihn mit der Beweisaufnahme beauftragen.

Zeugen und Sachverständige können vereidigt werden, wenn es zur Herbeiführung einer wahren Aussage für notwendig erachtet wird. Ergibt sich die Notwendigkeit erst bei der Vernehmung, so entscheidet darüber der Leiter der Beweisverhandlung.

§ 54.

Die Vorschriften der Zivilprozeßordnung über die Pflicht, als Zeuge oder Sachverständiger zu erscheinen, sich vernehmen und vereidigen zu lassen, gelten entsprechend.

Ob die Aussage oder die Eidesleistung verweigert werden darf, entscheidet der Leiter der Beweisverhandlung. Gegen seine Entscheidung ist binnen einer Woche Beschwerde an die Kammer zulässig. Diese entscheidet endgültig.

§ 55.

Gegen Zeugen oder Sachverständige, die sich nicht einfinden, ihre Aussage oder die Eidesleistung ohne Angabe eines Grundes oder, nachdem der vorgeschützte Grund rechtskräftig für unerheblich erklärt ist, verweigern, kann die Geldstrafe bis zu dreihundert Mark verhängt werden.

Die Strafe verhängt der Leiter der Beweisverhandlung. Für die Beschwerde gilt § 54 Abs. 2 Satz 2, 3.

§ 56.

Militärpersonen, die dem aktiven Heer, der aktiven Marine oder einer der Schutztruppen angehören, werden als Zeugen oder Sachverständige auf Ersuchen von der Militärbehörde geladen.

Verweigern sie das Zeugnis oder den Eid, so verhängt auf Ersuchen das Militärgericht die Geldstrafe.

§ 57.

Den Zeugen und Sachverständigen ist mit der Ladung der Gegenstand ihrer Vernehmung mitzuteilen. Aus besonderen Gründen, namentlich zur Herbeiführung einer unbeeinflußten wahren Aussage, kann hiervon abgesehen werden. Die Gründe sind in den Akten zu vermerken.

§ 58.

Bei Vernehmung von Zeugen und Sachverständigen ist den Beteiligten, ihren gesetzlichen Vertretern, falls sie jedoch Bevollmächtigte bestellt haben, diesen Gelegenheit zur Teilnahme zu gewähren.

Zwischen der Mitteilung des Zeitpunktes der Vernehmung und diesem soll in der Regel ein Zeitraum von mindestens einer Woche liegen.

Die Beteiligten sind berechtigt, den Zeugen und Sachverständigen Fragen vorlegen zu lassen, die sie zur Aufklärung der Sache für dienlich halten. Der Leiter der Beweisverhandlung kann ihnen die unmittelbare Fragestellung gestatten. Er entscheidet vorbehaltlich der Beschluß fassung der Kammer über die Zulässigkeit einer Frage.

§ 59.

Bei Einnahme des Augenscheins kann sich der Vorsitzende oder der von ihm beauftragte Beisitzer der Mitwirkung der Ortspolizeibehörde bedienen. Sie können auch die Ortspolizeibehörde darum ersuchen.

Soll im Dienstraum einer Behörde oder in einem Fahrzeug der Reichsmarine Augenschein eingenommen werden, so ist die Genehmigung der zuständigen Dienst- oder Kommandobehörde einzuholen.

§ 60.

Über das Ergebnis von Beweisverhandlungen außerhalb der Sitzungen der Kammer ist unter Zuziehung eines vereidigten oder vom Leiter der Beweisverhandlung durch Handschlag verpflichteten Schriftführers eine Niederschrift aufzunehmen. Der § 78 Abs. 2 und die §§ 79, 80 gelten entsprechend.

§ 61.

Die Zeugen und Sachverständigen erhalten Gebühren wie bei Vernehmungen vor dem ordentlichen Gericht in bürgerlichen Rechtsstreitigkeiten.

Auf Beschwerde gegen die Festsetzung der Gebühren entscheidet die Kammer endgültig. Die Beschwerde ist binnen einem Monat nach Bekanntmachung der Festsetzung einzulegen. Die Bekanntmachung ist in den Akten zu vermerken.

§ 62.

Den Beteiligten, ihren gesetzlichen Vertretern, falls sie jedoch Bevollmächtigte bestellt haben, diesen, ist der Inhalt und auf Verlangen eine Abschrift der Beweisverhandlungen mitzuteilen.

Der Vorsitzende entscheidet, wieweit ärztliche Zeugnisse und Gutachten mitzuteilen sind. Die Kammer kann die Mitteilung nachholen.

Akteneinsicht.

§ 63.

Die Beteiligten, ihre gesetzlichen Vertreter und ihre Bevollmächtigten können Einsicht in die Akten nehmen und sich daraus gegen Erstattung der Kosten Ausfertigungen, Auszüge und Abschriften erteilen lassen. Der Vorsitzende kann aus besonderen Gründen die Akteneinsicht und die Erteilung von Abschriften versagen oder beschränken.

Anderen Personen kann der Vorsitzende ohne Einwilligung der Parteien die Einsicht in die Akten nur gestatten, wenn ein rechtliches Interesse glaubhaft gemacht wird.

Entwürfe zu Entscheidungen, Gutachten der Berichterstatter sowie Schriftstücke, welche Abstimmungen betreffen, werden weder vorgelegt noch abschriftlich mitgeteilt.

Aussetzung und Unterbrechung des Verfahrens.

§ 64.

Hängt der Anspruch von einem familienrechtlichen oder erbrechtlichen Verhältnis ab, so kann der Vorsitzende den Beteiligten aufgeben, das Verhältnis im ordentlichen Rechtsweg feststellen zu lassen. Er bestimmt zugleich, bis wann die Klage zu erheben ist; die Frist kann auf Antrag verlängert werden.

§ 65.

Die Vorschriften des § 239 Abs. 1, 2 und der §§ 241, 249 der Zivilprozeßordnung [1]) über die Unterbrechung des Verfahrens gelten entsprechend.

[1]) Die angezogenen Vorschriften der ZPO. lauten:

§ 239 Abs. 1, 2. Im Falle des Todes einer Partei tritt eine Unterbrechung des Verfahrens bis zu dessen Aufnahme durch die Rechtsnachfolger ein.

Wird die Aufnahme verzögert, so können die Rechtsnachfolger zur Aufnahme und zugleich zur Verhandlung der Hauptsache geladen werden.

§ 241. Verliert eine Partei die Prozeßfähigkeit oder stirbt der gesetzliche Vertreter einer Partei oder hört die Vertretungsbefugnis desselben auf, ohne daß die Partei prozeßfähig geworden ist, so wird das Verfahren unterbrochen, bis der gesetzliche Vertreter oder der neue gesetzliche Vertreter von seiner Bestellung dem Gegner Anzeige macht, oder bis der Gegner seine Absicht, das Verfahren fortzusetzen, dem Vertreter anzeigt.

Diese Vorschrift findet entsprechende Anwendung, wenn eine Nachlaßverwaltung angeordnet wird.

§ 249. Die Unterbrechung und Aussetzung des Verfahrens hat die Wirkung, daß der Lauf einer jeden Frist aufhört und nach Beendigung der Unterbrechung oder Aussetzung die volle Frist von neuem zu laufen beginnt.

Die während der Unterbrechung oder Aussetzung von einer Partei in Ansehung der Hauptsache vorgenommenen Prozeßhandlungen sind der anderen Partei gegenüber ohne rechtliche Wirkung.

Durch die nach dem Schlusse einer mündlichen Verhandlung eintretende Unterbrechung wird die Verkündung der auf Grund dieser Verhandlung zu erlassenden Entscheidung nicht gehindert.

2. Mündliche Verhandlung.

§ 66.

Der Vorsitzende bestimmt die Verhandlungszeit. Er kann für die mündliche Verhandlung Zeugen und Sachverständige laden und anderes anordnen, besonders auch das persönliche Erscheinen des Antragstellers. Ist ein Beisitzer Berichterstatter, so ist, abgesehen von dringenden Fällen, sein Einverständnis erforderlich.

Von Ort und Zeit der mündlichen Verhandlung sind die Beteiligten, ihre gesetzlichen Vertreter, falls sie jedoch Bevollmächtigte bestellt haben, diese, und zwar in der Regel durch eingeschriebenen Brief oder gegen Postzustellungsurkunde zu benachrichtigen. Außer dem Bevollmächtigten ist der Antragsteller selbst zu benachrichtigen, wenn sein persönliches Erscheinen angeordnet ist. Sind mehrere Bevollmächtigte eines Beteiligten vorhanden, so genügt die Benachrichtigung eines Bevollmächtigten. Ein Ausweis über die Benachrichtigung soll zu den Akten gebracht werden.

Die Beteiligten sind darauf hinzuweisen, daß auch im Falle ihres Ausbleibens verhandelt und entschieden werden kann. Wird das persönliche Erscheinen des Antragstellers angeordnet, so ist ihm dabei zugleich zu eröffnen, daß aus seinem Nichterscheinen ungünstige Schlüsse für seinen Anspruch gezogen werden können.

§ 67.

Zwischen der Mitteilung der Verhandlungszeit und dieser soll in der Regel ein Zeitraum von mindestens einer Woche liegen.

§ 68.

Die Sachen werden in der Regel in der durch Aushang vor dem Sitzungszimmer bekanntgemachten Reihenfolge erledigt.

§ 69.

Der Vorsitzende eröffnet, leitet und schließt die Verhandlung.

Er erteilt das Wort und kann es demjenigen, welcher seinen Anordnungen nicht Folge leistet, entziehen.

Die Vorschriften des Gerichtsverfassungsgesetzes über die Aufrechterhaltung der Ordnung in der Sitzung (§§ 176 bis 182, 184) [1]) gelten entsprechend.

Gegen Personen, die zur Aufrechterhaltung der Ordnung aus dem Sitzungszimmer entfernt worden sind, wird in der gleichen Weise verfahren, wie wenn sie sich freiwillig entfernt hätten.

Gegen Ordnungsstrafen wegen Ungebühr ist binnen einer Woche nach Bekanntmachung der Entscheidung Beschwerde an das Reichs-Militärversorgungsgericht zulässig.

[1]) Die angezogenen Vorschriften des GVG. lauten:

§ 176. Der Zutritt zu öffentlichen Verhandlungen kann unerwachsenen und solchen Personen versagt werden, welche sich nicht im Besitze der bürgerlichen Ehrenrechte befinden, oder welche in einer der Würde des Gerichts nicht entsprechenden Weise erscheinen.

Zu nicht öffentlichen Verhandlungen kann der Zutritt einzelnen Personen vom Gerichte gestattet werden. Einer Anhörung der Beteiligten bedarf es nicht.

Die Ausschließung der Öffentlichkeit steht der Anwesenheit der die Dienstaufsicht führenden Beamten der Justizverwaltung bei den Verhandlungen vor dem erkennenden Gerichte nicht entgegen.

§ 177. Die Aufrechterhaltung der Ordnung in der Sitzung liegt dem Vorsitzenden ob.

§ 178. Parteien, Beschuldigte, Zeugen, Sachverständige oder bei der Verhandlung nicht beteiligte Personen, welche den zur Aufrechterhaltung der Ordnung erlassenen Befehlen nicht gehorchen, können auf Beschluß des Gerichts aus dem Sitzungszimmer entfernt, auch zur Haft abgeführt und während einer in dem Beschlusse zu bestimmenden Zeit, welche vierundzwanzig Stunden nicht übersteigen darf, festgehalten werden.

§ 179. Das Gericht kann gegen Parteien, Beschuldigte, Zeugen, Sachverständige oder bei der Verhandlung nicht beteiligte Personen, welche sich in der Sitzung einer Ungebühr schuldig machen, vorbehaltlich der strafgerichtlichen Verfolgung, eine Ordnungsstrafe bis zu einhundert Mark oder bis zu drei Tagen Haft festsetzen und sofort vollstrecken lassen.

§ 180. Das Gericht kann gegen einen bei der Verhandlung beteiligten Rechtsanwalt oder Verteidiger, der sich in der Sitzung einer Ungebühr schuldig macht, vorbehaltlich der strafgerichtlichen oder disziplinaren Verfolgung, eine Ordnungsstrafe bis zu einhundert Mark festsetzen.

§ 181. Die Vollstreckung der vorstehend bezeichneten Ordnungsstrafen hat der Vorsitzende unmittelbar zu veranlassen.

§ 182. Die in den §§ 177 bis 181 bezeichneten Befugnisse stehen auch einem einzelnen Richter bei der Vornahme von Amtshandlungen außerhalb der Sitzung zu.

§ 184. Ist eine Ordnungsstrafe wegen Ungebühr festgesetzt, oder eine Person zur Haft abgeführt, oder eine bei der Verhandlung beteiligte Person entfernt worden, so ist der Beschluß des Gerichts und dessen Veranlassung in das Protokoll aufzunehmen.

§ 70.

Für Ausschluß und Ablehnung von Mitgliedern der Kammer gelten die §§ 1641 bis 1649 der Reichsversicherungsordnung [1]) entsprechend.

[1]) Die angezogenen Vorschriften der RVO. lauten:

§ 1641. Von der Mitwirkung im Spruchausschuß ist ausgeschlossen,

1. wer in der Sache selbst Partei ist,
2. wer einer Partei ersatzpflichtig ist,

3. wer mit einer Partei verheiratet ist oder gewesen ist,
4. wer mit einer Partei in gerader Linie verwandt oder verschwägert oder in der Seitenlinie im zweiten oder dritten Grade verwandt oder im zweiten Grade verschwägert ist,
5. wer in der Sache als Bevollmächtigter oder Beistand einer Partei zugezogen oder als ihr gesetzlicher Vertreter aufzutreten berechtigt ist oder gewesen ist,
6. wer in der Sache als Zeuge oder Sachverständiger vernommen ist,
7. wer als Mitglied eines Organs des Versicherungsträgers bei dem Beschluß über die Leistung mitgewirkt hat.

§ 1642. Ist der Vorsitzende des Versicherungsamts zugleich Vorsitzender eines Organs eines Versicherungsträgers, so ist er auch in solchen Sachen dieses Versicherungsträgers von der Mitwirkung im Spruchausschuß ausgeschlossen, bei denen er früher nicht mit tätig gewesen ist.

§ 1643. Mitglieder des Spruchausschusses können sowohl aus Gründen, die ihre Ausschließung rechtfertigen, als wegen Befangenheit abgelehnt werden. Die Ablehnung wegen Befangenheit ist begründet, wenn Tatsachen vorliegen, die Mißtrauen gegen ihre Unparteilichkeit rechtfertigen können.

Kein Mitglied kann als befangen abgelehnt werden, wenn die Partei den Ablehnungsgrund schon vorher kennt, aber erst geltend macht, nachdem sie sich in eine Verhandlung vor dem Spruchausschuß eingelassen hat.

§ 1644. Der Vorsitzende des Versicherungsamts ist nicht deshalb von der Mitwirkung im Spruchausschuß ausgeschlossen, weil er im vorbereitenden Verfahren in der Sache amtlich tätig gewesen ist; er kann aus diesem Grunde auch nicht als befangen abgelehnt werden.

§ 1645. Der Ablehnungsgrund muß glaubhaft gemacht werden.

Lehnt die Partei ein Mitglied des Spruchausschusses als befangen ab, nachdem sie sich in eine Verhandlung eingelassen hat, so muß sie glaubhaft machen, daß der Ablehnungsgrund erst später entstanden oder ihr bekannt geworden ist.

§ 1646. Wird ein Versicherungsvertreter abgelehnt, so entscheidet der Vorsitzende. Wird der Vorsitzende abgelehnt, so entscheidet das Oberversicherungsamt endgültig. Einer Entscheidung bedarf es nicht, wenn der Abgelehnte das Ablehnungsgesuch für begründet hält.

§ 1647. Die Entscheidung, die den Antrag für begründet erachtet, ist endgültig.

Die Entscheidung des Vorsitzenden, die den Antrag ablehnt, kann nicht für sich allein, sondern nur mit der Entscheidung in der Hauptsache angefochten werden.

§ 1648. Der § 1646 gilt auch, wenn ein Mitglied des Spruchausschusses selbst eine Tatsache anzeigt, die seine Ablehnung rechtfertigen könnte, oder wenn Zweifel darüber entstehen, ob es aus einem gesetzlichen Grunde ausgeschlossen ist.

§ 1649. Wird eine Versicherungsbehörde nach Ausschluß oder Ablehnung von Mitgliedern beschlußunfähig, so bestimmt die zunächst höhere Spruchbehörde, welche andere Behörde gleicher Ordnung die Sache zu entscheiden hat.

§ 71.

Die mündliche Verhandlung beginnt nach dem Aufruf der Sache mit der Darstellung des Sachverhalts durch den Vorsitzenden oder den Berichterstatter.

Demnächst sind die erschienenen Beteiligten zu hören. Der Vorsitzende hat das Sach- und Streitverhältnis mit ihnen zu erörtern und dahin zu wirken, daß sie über alle erheblichen Tatsachen sich vollständig erklären sowie die angemessenen und sachdienlichen Anträge stellen.

Die Anträge können ergänzt, berichtigt oder geändert werden.

Der Vorsitzende hat den Beisitzern auf Verlangen zu gestatten, Fragen an die erschienenen Beteiligten, Bevollmächtigten, Beistände, Zeugen und Sachverständigen zu stellen. Zweifel über die Zulässigkeit der Fragen entscheidet die Kammer.

§ 72.

Wird bei der Verhandlung ein Bevollmächtigter oder ein Beistand zurückgewiesen, ohne daß dies dem Beteiligten vorher rechtzeitig angedroht worden ist, so ist, falls der Beteiligte es auf Befragen beantragt, sowie stets dann, wenn er nicht erschienen ist, die Verhandlung auszusetzen und eine neue Verhandlung anzuberaumen.

§ 73.

Hält die Kammer die Sache noch nicht für genügend aufgeklärt, so beschließt sie den erforderlichen Beweis. Dieser soll, soweit es tunlich ist, sofort erhoben werden. Insbesondere sollen Zeugen und Sachverständige sofort vernommen werden, falls sie zur Stelle sind oder ihre unverzügliche Gestellung möglich ist. Ist ein Beteiligter bei der Beweiserhebung nicht zugegen und nicht vertreten, so darf in dieser Verhandlung ein ihm ungünstiges Urteil nicht erlassen werden.

§ 74.

Die Ausführung des Beweisbeschlusses kann einem Mitglied der Kammer übertragen werden.

§ 75.

Für die Beweisaufnahme durch die Kammer und das beauftragte Mitglied gelten der § 53 Abs. 2 und die §§ 54 bis 62 entsprechend.

Findet die Beweisaufnahme durch die Kammer statt, so entscheidet diese in den Fällen des § 54 Abs. 2 und des § 55 Abs. 1. Gegen die Entscheidung der Kammer ist binnen einer Woche Beschwerde an das Reichs-Militärversorgungsgericht zulässig.

Für die Anordnung, ein familien- oder erbrechtliches Verhältnis im ordentlichen Rechtsweg feststellen zu lassen, gilt der § 64 entsprechend.

§ 76.

Wenn der Kläger beantragt, daß ein bestimmter Arzt gutachtlich gehört werde, so kann die Kammer, falls sie diesem Antrag stattgeben will, die Anhörung von der Bedingung abhängig machen, daß der Antragsteller die Kosten vorschießt und, falls die Kammer nicht anders entscheidet, sie endgültig trägt.

§ 77.

Vergleichen sich die Parteien über den streitigen Anspruch und die etwa entstandenen Kosten, so gilt der Streit als erledigt.

§ 78.

Zu den Sitzungen der Kammer ist ein vereidigter Schriftführer zuzuziehen, der über die mündliche Verhandlung eine Niederschrift aufnimmt.

Die Niederschrift enthält Ort und Tag der Verhandlung, die Bezeichnung der Kammer, Namen und Dienststellung beziehungsweise Beruf des Vorsitzenden, der Beisitzer und des Schriftführers unter Bezeichnung der Eigenschaft, in der sie mitwirken, den Namen des etwa zugezogenen Dolmetschers, die Bezeichnung der Streitsache, die Namen der erschienenen Beteiligten, gesetzlichen Vertreter, Bevollmächtigten und Beistände sowie die Angabe, daß öffentlich verhandelt oder die Öffentlichkeit für die ganze Verhandlung oder einen Teil der Verhandlung ausgeschlossen ist.

§ 79.

In der Niederschrift ist der Gang der Verhandlung im allgemeinen anzugeben.

Ferner sind aufzunehmen:

1. Erklärungen der Beteiligten über die Zurücknahme eines Rechtsmittels, Anerkenntnisse, Verzichtleistungen und Vergleiche sowie andere Erklärungen, namentlich Geständnisse, deren Feststellung für angemessen erachtet wird,

2. solche Anträge und erheblichen Erklärungen der Beteiligten, die von dem Inhalt der Schriftsätze abweichen,
3. die Aussagen der Zeugen und Sachverständigen und die Feststellung, ob sie beeidigt sind oder nicht,
4. das Ergebnis eines Augenscheins,
5. Beschlüsse der Kammer, die Urteilsformel und deren Verkündung.

Der Aufnahme in die Niederschrift steht die Aufnahme in eine Schrift gleich, die der Niederschrift als Anlage beigefügt, als solche von dem Vorsitzenden und dem Schriftführer gekennzeichnet und in der Niederschrift aufgeführt ist.

§ 80.

Die Niederschrift ist, soweit sie die Nummern 1 bis 3 des § 79 Abs. 2 betrifft, den Beteiligten vorzulesen. In der Niederschrift ist zu vermerken, daß dies geschehen und die Genehmigung erteilt ist, oder welche Einwendungen erhoben sind.

Die Niederschrift ist von dem Vorsitzenden und dem Schriftführer zu unterschreiben, wenn sie jedoch eine Urteilsformel enthält und der Vorsitzende die Berichterstattung nicht selbst übernommen hat, auch von dem Berichterstatter. Ist der Berichterstatter verhindert, so genügt die Unterschrift des Vorsitzenden. Ist der Vorsitzende verhindert, so unterschreibt für ihn der Berichterstatter oder ein anderer Beisitzer. Die Tatsache der Verhinderung des Vorsitzenden oder des Berichterstatters ist in der Niederschrift zu vermerken.

§ 81.

Die Kammer entscheidet innerhalb der erhobenen Ansprüche nach freiem Ermessen.

Sie kann die angefochtene Entscheidung auch aus anderen Gründen ändern, als im Rechtsmittel angegeben sind.

§ 82.

Hebt die Kammer den angefochtenen Bescheid auf, weil das Verfahren an einem wesentlichen Mangel leidet, so kann sie die Sache an die Militärverwaltungsbehörde zurückverweisen.

Dabei kann sie, wenn es sich um Ansprüche auf Rente, Pension oder Hinterbliebenengebührnisse handelt und der Berechtigte bedürftig ist, auf Antrag die Gewährung einer vorläufigen Leistung anordnen, deren Betrag festzustellen ist. Die Anordnung ist endgültig.

§ 83.

Hält die Kammer den Anspruch für begründet, so stellt sie zugleich Betrag und Beginn der Leistung fest.

Wird der Anspruch ausnahmsweise nur dem Grunde nach anerkannt, so ist, wenn es sich um Ansprüche auf Rente, Pension oder Hinterbliebenengebührnisse handelt und der Berechtigte bedürftig ist, auf Antrag eine vorläufige Leistung anzuordnen, deren Betrag festzustellen ist. Die Anordnung ist endgültig.

§ 84.

Ist der Kläger auf Anordnung des Vorsitzenden oder der Kammer in der mündlichen Verhandlung erschienen, so werden ihm auf Verlangen bare Auslagen und Zeitverlust vergütet; sie können vergütet werden, wenn er ohne Anordnung erscheint und die Kammer das Erscheinen für erforderlich hält.

Gegen die Verfügung des Vorsitzenden, welche die Vergütung festsetzt oder ablehnt, kann binnen einer Woche die Entscheidung der Kammer angerufen werden.

War der Kläger ohne Anordnung erschienen, so gilt die Vergütung endgültig als abgelehnt, wenn die Kammer nicht ausdrücklich feststellt, daß das Erscheinen erforderlich war.

§ 85.

Für Geldstrafen gegen Zeugen und Sachverständige sowie für Ordnungsstrafen wegen Ungebühr gilt Artikel II § 21 Abs. 2 Satz 2 der Verordnung vom 1. Februar 1919 [1]) entsprechend. Die Strafen werden wie Gemeindeabgaben beigetrieben.

[1]) Vgl. S. 48.

§ 86.

Will die Kammer in einem Falle, in dem der Rekurs ausgeschlossen ist (Artikel II § 11 Abs. 2, 3 der Verordnung vom 1. Februar 1919) [1]), von einer amtlich veröffentlichten grundsätzlichen Entscheidung des Reichs-Militärversorgungsgerichts abweichen oder handelt es sich in einem solchen Falle um eine noch nicht festgestellte Auslegung gesetzlicher Vorschriften von grundsätzlicher Bedeutung, so hat sie die Sache unter Begründung ihrer Rechtsauffassung an das Reichs-Militärversorgungsgericht abzugeben.

Das Reichs-Militärversorgungsgericht entscheidet in diesem Falle an Stelle des Militärversorgungsgerichts. Von der Abgabe der Sache sind die Beteiligten zu benachrichtigen.

[1]) Vgl. S. 45.

§ 87.

Bei Entscheidungen auf Grund einer Verhandlung dürfen nur Mitglieder mitwirken, die an der Verhandlung teilgenommen haben.

Die Beratung und Beschlußfassung schließen sich unmittelbar an die mündliche Verhandlung an. Sie sind nicht öffentlich. Außer den zur Entscheidung Berufenen und dem Schriftführer dürfen nur die beim Oberversicherungsamte zu ihrer Ausbildung beschäftigten Personen zugegen sein, soweit der Vorsitzende der Kammer ihnen die Anwesenheit gestattet.

Der Vorsitzende leitet die Beratung, stellt die Fragen, sammelt die Stimmen und verkündet die Urteile und Beschlüsse der Kammer.

§ 88.

Die Kammer entscheidet nach Stimmenmehrheit.

Bildet sich bei Abstimmung über die Höhe von Beträgen keine Mehrheit, so werden die für den größeren Betrag abgegebenen Stimmen den für den zunächst geringeren so lange hinzugerechnet, bis sich eine Mehrheit ergibt.

Die Stimmen werden in nachstehender Reihenfolge abgegeben:

1. von den Berichterstattern,
2. von den Versorgungsberechtigten,
3. von dem Vertreter der Militärverwaltung,
4. von dem richterlichen Beisitzer,
5. von dem Vorsitzenden.

Mehrere Berichterstatter stimmen in der Reihenfolge ihrer Bestellung. Von den Versorgungsberechtigten stimmt der jüngere zuerst. Der Vorsitzende stimmt auch dann zuletzt, wenn er die Berichterstattung übernommen hat.

Niemand darf die Abstimmung über eine Frage verweigern, weil er bei der Abstimmung über eine vorhergegangene Frage in der Minderheit geblieben ist.

Meinungsverschiedenheiten über Gegenstand, Fassung und Reihenfolge der Fragen und über das Ergebnis der Abstimmung entscheidet die Kammer.

Die Abstimmung der einzelnen Mitglieder der Kammer darf keinen schriftlichen Ausdruck finden.

Über den Hergang bei der Beratung und über das Stimmverhältnis ist zu schweigen.

§ 89.

Die Entscheidung der Kammer wird öffentlich verkündet. Dabei werden die Gründe mitgeteilt, soweit es für erforderlich gehalten wird.

Die Verkündung des Urteils kann auf eine spätere Sitzung vertagt werden, die in der Regel sofort anzuberaumen ist und binnen einer Woche stattfinden soll.

3. Urteil.

§ 90.

Das Urteil wird schriftlich abgefaßt. Es enthält eine gedrängte Darstellung des Sachverhalts unter Hervorhebung der Anträge (Tatbestand), die Entscheidungsgründe und die hiervon äußerlich zu sondernde Urteilsformel.

Im Eingang des Urteils sind die Beteiligten und ihre gesetzlichen Vertreter, die Kammer, welche die Entscheidung gefällt hat, und die Mitglieder der Kammer, welche bei ihr mitgewirkt haben, diese nach dem § 78 Abs. 2, aufzuführen. Auch ist der Sitzungstag, an dem die Entscheidung ergangen ist, zu bezeichnen und anzugeben, daß mündlich verhandelt ist.

§ 91.

Das Urteil ist von den Berichterstattern und dem Vorsitzenden zu unterschreiben. Hat der Vorsitzende die Berichterstattung selbst übernommen oder sind die Berichterstatter verhindert, so unterschreibt der Vorsitzende allein. Ist der Vorsitzende verhindert, so unterschreibt für ihn ein Beisitzer.

§ 92.

Eine Ausfertigung des Urteils soll spätestens binnen drei Wochen nach der Verkündung den Beteiligten, ihren gesetzlichen Vertretern, wenn die Beteiligten jedoch durch Bevollmächtigte vertreten sind, diesen zugestellt werden. Sind mehrere Bevollmächtigte einer Partei vorhanden, so genügt die Zustellung an einen Bevollmächtigten.

§ 93.

Ausfertigungen und Abschriften sind als solche zu bezeichnen.

Die Ausfertigung erhält die Überschrift, die für die Urteile der ordentlichen Gerichte vorgesehen oder, sofern der Bezirk des Militärversorgungsgerichts sich über das Gebiet eines Bundesstaats hinaus erstreckt, von den beteiligten Landesregierungen vereinbart ist.

Am Schlusse wird die Ausfertigung mit dem Siegel des Militärversorgungsgerichts versehen und von dem Vorsitzenden der Kammer, im Falle seiner Behinderung von seinem Stellvertreter unterschrieben.

Hat die oberste Verwaltungsbehörde bestimmt, daß die Ausfertigungen von einem Büro- oder Kanzleibeamten des Militärversorgungsgerichts unterzeichnet werden, so ist unter die einschließlich der Überschriften gefertigte Abschrift zu setzen:

„Die Übereinstimmung dieser Ausfertigung mit der Urschrift wird hierdurch beglaubigt.“

Der Beamte unterschreibt diesen Zusatz unter Beifügung seiner Amtseigenschaft.

§ 94.

Schreib- und Rechenfehler sowie ähnliche offenbare Unrichtigkeiten, die im Urteil vorkommen, sind jederzeit auf Antrag oder von Amts wegen zu berichtigen.

Ob zu berichtigen ist, entscheiden ohne mündliche Verhandlung die Mitglieder der Kammer, die das Urteil unterschrieben haben. Bei Stimmengleichheit ist die Berichtigung abzulehnen. Die Verfügung, die ein Urteil berichtigt, wird auf der Urschrift des Urteils und den Ausfertigungen vermerkt. Über die Verfügung kann sich der Beteiligte bei dem Reichs-Militärversorgungsgerichte binnen einem Monat, bei Zustellung außerhalb Europas binnen drei Monaten beschweren.

Die Verfügung, die eine Berichtigung ablehnt, ist unanfechtbar.

§ 95.

Hat das Urteil einen von einer Partei erhobenen Haupt- oder Nebenanspruch oder den Kostenpunkt ganz oder teilweise übergangen, so wird es auf Antrag nachträglich ergänzt.

Das Urteil ist von Amts wegen zu ergänzen, wenn die Kammer dem Kläger, der in vollem Umfang unterlegen ist, keine Gebühr auferlegt hat, es sei denn, daß der Rekurs als unzulässig oder verspätet verworfen worden ist.

Die ergänzende Entscheidung wird auf der Urschrift des Urteils und den Ausfertigungen vermerkt.

§ 96.

Ist das Rechtsmittel unzulässig oder verspätet eingelegt, so kann der Vorsitzende es ohne mündliche Verhandlung verwerfen. Ist ein Beisitzer zum Berichterstatter ernannt, so ist sein Einverständnis erforderlich.

Der Antragsteller kann binnen einer Woche nach Zustellung der Verfügung die Entscheidung der Kammer anrufen; die Verfügung muß darauf hinweisen.

4. Beschwerde.

§ 97.

Über Beschwerden entscheidet die Kammer durch Beschluß ohne mündliche Verhandlung.

Die Bestimmungen über Einforderung der Vorverhandlungen, Zustellungen, Beweisaufnahme, Akteneinsicht, Unterbrechung des Verfahrens, Ausschluß und Ablehnung von Mitgliedern der Kammer, Niederschrift, Beratung und Beschlußfassung sowie über Urteile gelten entsprechend.

III. Das Verfahren vor dem Reichs-Militärversorgungsgerichte.

§ 98.

Für das Verfahren über den Rekurs und die Beschwerde gelten die Bestimmungen über das Verfahren vor den Militärversorgungsgerichten entsprechend, soweit die §§ 99 bis 109 nichts anderes vorsehen.

§ 99.

Das Militärversorgungsgericht hat dem Reichs-Militärversorgungsgericht eine Abschrift der angefochtenen Entscheidung einzureichen.

§ 100.

Der von dem Militärfiskus eingelegte Rekurs bewirkt keinen Aufschub, soweit es sich um Renten, Pensionen oder Hinterbliebenengebührnisse handelt, die für die Zeit nach Erlaß des angefochtenen Urteils gezahlt werden sollen.

§ 101.

Wird ein Mitglied des Senats aus einem Grunde, der seine Ausschließung rechtfertigt, oder wegen Besorgnis der Befangenheit abgelehnt, so entscheidet über das Ablehnungsgesuch der Senat. Bei der Entscheidung darf der Abgelehnte nicht mitwirken. Bei Stimmengleichheit gilt das Gesuch als abgelehnt.

§ 102.

Geldstrafen gegen Zeugen und Sachverständige sowie Ordnungsstrafen wegen Ungebühr fließen in die Reichskasse.

§ 103.

Der Senat entscheidet nach Stimmenmehrheit. Die Stimmen werden in nachstehender Reihenfolge abgegeben:

1. von den Berichterstattern,
2. von den Versorgungsberechtigten,
3. von den Vertretern der Militärverwaltung,
4. von den richterlichen Beisitzern,
5. von den ständigen Mitgliedern des Reichsversicherungsamts,
6. von dem Vorsitzenden.

In der ersten Gruppe richtet sich die Reihenfolge der Abstimmung nach der Reihenfolge der Bestellung zum Berichterstatter. In der zweiten Gruppe entscheidet das Lebensalter; in der dritten und vierten das Dienstalter beim Reichs-Militärversorgungsgericht, in der fünften das Dienstalter im Reichsversicherungsamte, bei gleichem Dienstalter das Lebensalter; der dem Dienstalter oder dem Lebensalter nach Jüngere stimmt zuerst.

Die nach Artikel II § 13 Abs. 2 der Verordnung vom 1. Februar 1919 [1]) als weitere Beisitzer zugezogenen zwei nichtständigen Mitglieder des Reichsversicherungsamts geben ihre Stimme nach den Berichterstattern ab, und zwar der Versicherte zuerst.

[1]) Vgl. S. 46.

§ 104.

Wird das angefochtene Urteil aufgehoben, so kann der Senat entweder selbst in der Sache entscheiden oder sie an das Militärversorgungsgericht oder die Militärverwaltungsbehörde zurückverweisen. Der § 82 Abs. 2 Satz 1 gilt entsprechend.

Die Stelle, an welche die Sache zurückverwiesen wird, ist an die rechtliche Beurteilung gebunden, die der Aufhebung des angefochtenen Urteils zugrunde liegt.

§ 105.

Die Urteile des Senats werden mit Gründen versehen und in der Urschrift von dem Vorsitzenden und den Berichterstattern, falls jedoch nur ein Berichterstatter bestellt ist, von einem weiteren Mitglied des Senats unterschrieben.

Ist der Vorsitzende oder ein Berichterstatter verhindert, so hat für das verhinderte Mitglied ein anderes Mitglied des Senats zu unterschreiben.

§ 106.

Wird eine Sache nach Artikel II § 12 der Verordnung vom 1. Februar 1919 [1]) an den Großen Senat verwiesen, so sind die zu entscheidende Rechtsfrage und die Entscheidung, von der abgewichen werden soll, zu bezeichnen.

[1]) Vgl. S. 45.

§ 107.

Die Ausfertigungen der Urteile werden mit der Überschrift versehen

„Im Namen des Reichs!"

Sie enthalten neben dem Siegel des Reichs-Militärversorgungsgerichts die Schlußformel:

„Urkundlich unter Siegel und Unterschrift"
„Das Reichs-Militärversorgungsgericht"
„Der .... Senat".

Die Ausfertigung vollzieht der Vorsitzende, bei seiner Behinderung ein ständiges Mitglied des Reichversicherungsamts, das bei der Entscheidung mitgewirkt hat.

§ 108.

Das Militärversorgungsgericht, dessen Entscheidung angefochten war, erhält eine Urteilsabschrift.

§ 109.

Grundsätzliche Entscheidungen des Reichs-Militärversorgungsgerichts werden in einem besonderen Teile der Amtlichen Nachrichten des Reichsversicherungsamts veröffentlicht. Der Senat entscheidet darüber, ob die Entscheidung grundsätzlich ist; über ihre Veröffentlichung beschließt die für die Geschäftsverteilung nach § 28 zuständige Stelle.

IV. Wiederaufnahme des Verfahrens.

§ 110.

Für die Wiederaufnahme des Verfahrens gelten die §§ 1722 bis 1733 der Reichsversicherungsordnung [1]) entsprechend.

[1]) Die angezogenen Vorschriften der RVO. lauten:

1. Anfechtungsgründe.

§ 1722. Ein durch rechtskräftiges Urteil abgeschlossenes Verfahren kann wieder aufgenommen werden, wenn

1. die Spruchstelle nicht vorschriftsmäßig besetzt war,
2. eine Person bei der Entscheidung mitgewirkt hat, die von der Mitwirkung aus einem gesetzlichen Grunde ausgeschlossen war, sofern nicht dieses Hindernis durch Ablehnung oder Rechtsmittel ohne Erfolg geltend gemacht worden ist,

3. bei der Entscheidung eine Person mitgewirkt hat, obgleich sie als befangen abgelehnt und die Ablehnung für begründet erklärt worden war,
4. eine Partei in dem Verfahren nicht nach Vorschrift der Gesetze vertreten war, sofern sie nicht die Führung des Streites ausdrücklich oder stillschweigend genehmigt hat.

In den Fällen der Nr. 1, 3 ist die Wiederaufnahme unstatthaft, wenn der Anfechtungsgrund durch ein Rechtsmittel geltend gemacht werden konnte.

§ 1723. Die Wiederaufnahme ist ferner zulässig, wenn
1. eine Urkunde, auf die sich die Entscheidung stützt, fälschlich angefertigt oder verfälscht war,
2. durch Beeidigung eines Zeugnisses oder eines Gutachtens, auf die sich die Entscheidung stützt, der Zeuge oder Sachverständige vorsätzlich oder fahrlässig die Eidespflicht verletzt hat,
3. der Vertreter der Partei oder der Gegner oder sein Vertreter die Entscheidung durch eine mit öffentlicher Strafe bedrohte Handlung erwirkt hat,
4. eine Person bei der Entscheidung mitgewirkt hat, die bei der Verhandlung ihre Amtspflichten gegen die Partei verletzt hat, sofern diese Verletzung mit öffentlicher Strafe bedroht ist,
5. ein strafgerichtliches Urteil, auf das sich die Entscheidung stützt, durch ein anderes rechtskräftig gewordenes Urteil aufgehoben worden ist,
6. eine Partei nachträglich eine Urkunde, die eine ihr günstigere Entscheidung herbeigeführt haben würde, auffindet oder zu benutzen instand gesetzt wird.

§ 1724. Die Wiederaufnahme ist in den Fällen des § 1723 Nr. 1 bis 4 nur zulässig, wenn
1. wegen der strafbaren Handlung eine reehtskräftige strafgerichtliche Verurteilung ergangen ist,
2. ein gerichtliches Strafverfahren aus anderen Gründen als wegen Mangels an Beweis nicht eingeleitet oder nicht durchgeführt werden konnte.

§ 1725. Die Wiederaufnahme ist in allen Fällen des § 1723 nur zulässig, wenn nicht die Partei ohne ihr Verschulden den Anfechtungsgrund in dem früheren Verfahren, insbesondere durch Einlegung eines Rechtsmittels, geltend machen konnte.

§ 1726. Mit dem Antrag auf Wiederaufnahme können Anfechtungsgründe, durch die eine ältere Entscheidung derselben oder einer unteren Instanz betroffen wird, geltend gemacht werden, wenn die angefochtene Entscheidung auf der älteren beruht.

2. Zuständigkeit.

§ 1727. Über den Antrag entscheidet die Spruchstelle, deren Urteil angefochten wird. Sind mehrere Urteile angefochten, die von Spruchstellen verschiedener Ordnung erlassen sind, so entscheidet die Spruchstelle höherer Ordnung. An Stelle des Reichsversicherungsamts (Landesversicherungsamt) entscheidet das Oberversicherungsamt, wenn ein in der Revisionsinstanz erlassenes Urteil auf Grund des § 1723 Nr. 1, 2, 5 oder 6 angefochten wird.

3. Gang des Verfahrens.

§ 1728. Der Antrag ist binnen einem Monat zu stellen.

Die Frist beginnt mit dem Tage, an dem die Partei den Anfechtungsgrund erfährt, jedoch nicht bevor das Urteil rechrskräftig geworden ist. Nach Ablauf von fünf Jahren vom Tage der Rechtskraft an ist der Antrag unstatthaft.

Die Vorschriften des Abs. 2 gelten nicht, wenn die Wiederaufnahme wegen mangelnder Vertretung beantragt wird. Die Frist läuft dann von dem Tage, an dem das Urteil der Partei oder, wenn sie nicht fähig war, den Streit selbst zu betreiben, ihrem gesetzlichen Vertreter zugestellt worden ist.

§ 1729. Die Wiederaufnahme kann auch von Amts wegen eingeleitet werden.

§ 1730. Die Vorschrift des § 129 Abs. 2, 3 über Wahrung der Frist gilt auch für die Ausschlußfristen des § 1728 entsprechend.

§ 1731. Ist der Antrag verspätet oder unzulässig, so kann ihn der Vorsitzende der Spruchstelle ohne mündliche Verhandlung durch eine mit Gründen versehene Verfügung verwerfen. Der Vorsitzende des Spruchsenats darf es nur dann, wenn er mit dem Berichterstatter darüber einig ist.

Der Antragsteller kann binnen einer Woche nach der Zustellung die Entscheidung der zuständigen Stelle anrufen. Die Verfügung muß darauf hinweisen.

§ 1732. Ist der Antrag rechtzeitig gestellt worden und zulässig, so wird die Hauptsache, soweit der Anfechtungsgrund sie betrifft, neu verhandelt.

Für das neue Verfahren gelten die Vorschriften, die für diejenige Instanz maßgebend sind, bei welcher das neue Verfahren anhängig geworden ist.

§ 1733. Rechtsbehelfe sind zulässig, soweit solche gegen die Urteile der mit der Wiederaufnahme befaßten Instanzen überhaupt gegeben sind.

C. Schlußbestimmungen.

§ 111.

Für die Geschäftssprache gelten die §§ 186 bis 193 des Gerichtsverfassungsgesetzes[1]) entsprechend. Schriftstücke, die nicht in deutscher Sprache abgefaßt sind, brauchen nicht berücksichtigt zu werden.

[1]) Die angezogenen Vorschriften des GVG. lauten:

Gerichtssprache.

§ 186. Die Gerichtssprache ist die deutsche.

§ 187. Wird unter Beteiligung von Personen verhandelt, welche der deutschen Sprache nicht mächtig sind, so ist ein Dolmetscher zuzuziehen. Die Führung eines Nebenprotokolls in der fremden Sprache findet nicht statt; jedoch sollen Aussagen und Erklärungen in fremder Sprache, wenn und soweit der Richter dies mit Rücksicht auf die Wichtigkeit der Sache für erforderlich erachtet, auch in der fremden Sprache in das Protokoll oder in eine Anlage niedergeschrieben werden. In den dazu geeigneten Fällen soll dem Protokolle eine durch den Dolmetscher zu beglaubigende Übersetzung beigefügt werden.

Die Zuziehung eines Dolmetschers kann unterbleiben, wenn die beteiligten Personen sämtlich der fremden Sprache mächtig sind.

§ 188. Zur Verhandlung mit tauben oder stummen Personen ist, sofern nicht eine schriftliche Verständigung erfolgt, eine Person als Dolmetscher zuzuziehen, mit deren Hilfe die Verständigung in anderer Weise erfolgen kann.

§ 189. Ob einer Partei, welche taub ist, bei der mündlichen Verhandlung der Vortrag zu gestatten sei, bleibt dem Ermessen des Gerichts überlassen.

Dasselbe gilt in Anwaltsprozessen von einer Partei, die der deutschen Sprache nicht mächtig ist.

§ 190. Personen, welche der deutschen Sprache nicht mächtig sind, leisten Eide in der ihnen geläufigen Sprache.

§ 191. Der Dolmetscher hat einen Eid dahin zu leisten:

daß er treu und gewissenhaft übertragen werde.

Ist der Dolmetscher für Übertragungen der betreffenden Art im allgemeinen beeidigt, so genügt die Berufung auf den geleisteten Eid.

§ 192. Der Dienst des Dolmetschers kann von dem Gerichtsschreiber wahrgenommen werden. Einer besonderen Beeidigung bedarf es nicht.

§ 193. Auf den Dolmetscher finden die Bestimmungen über Ausschließung und Ablehnung der Sachverständigen entsprechende Anwendung. Die Entscheidung erfolgt durch das Gericht oder den Richter, von welchem der Dolmetscher zugezogen ist.

§ 112.

Die oberste Verwaltungsbehörde kann die ihr durch diese Bestimmungen zugewiesenen Aufgaben ganz oder teilweise anderen Behörden übertragen.

§ 113.

Das Militärversorgungsgericht führt ein Siegel, das die Bezeichnung des Militärversorgungsgerichts unter Angabe seines Sitzes zu enthalten hat und im übrigen durch die für den Sitz des Militärversorgungsgerichts zuständige oberste Verwaltungsbehörde bestimmt wird.

Das Reichs-Militärversorgungsgericht führt zwei Siegel:

1. ein großes, das dem Siegel des Reichsgerichts entspricht und nur bei förmlichen Ausfertigungen, insbesondere der Urteile, gebraucht wird,
2. ein kleineres, das den bei den Gesandtschaften des Deutschen Reichs eingeführten Siegeln entspricht, mit der Umschrift

„Reichs-Militärversorgungsgericht“.

§ 114.

Vorladungen und andere nur dem Geschäftsbetriebe dienende formularmäßige Schreiben werden durch die Unterschrift eines dazu bestimmten Beamten und unter Beifügung des Siegels beglaubigt.

§ 115.

Diese Bestimmungen treten am 1. März 1919 in Kraft.

Berlin, den 18. Februar 1919.

Der Reichsarbeitsminister.
Bauer.

---

2. Verordnung des Reichsarbeitsministers über die Gebühren der Rechtsanwälte im Verfahren vor den Militärversorgungsgerichten und dem Reichs-Militärversorgungsgerichte.

Vom 1. März 1919 (RGBl. S. 266).

Auf Grund des Art. II § 22 Abs. 2 der Verordnung über Änderung des Verfahrens in Militärversorgungssachen vom 1. Februar 1919 (RGBl. S. 149)[1]) wird folgendes bestimmt:

§ 1.

Die Vergütung für die Berufstätigkeit eines Rechtsanwalts im Verfahren vor einem Militärversorgungsgericht oder dem Reichs-Militärversorgungsgerichte beträgt,

wenn es sich um Ansprüche von Personen, die nach den Versorgungsgesetzen für die Unterklassen des Soldatenstandes oder nach § 35 des Offizierpensionsgesetzes vom 31. Mai 1906 (RGBl. S. 565) zu versorgen sind, oder um Ansprüche von Hinterbliebenen solcher Personen handelt, fünf bis zweihundert Mark,

in den übrigen Fällen zehn bis fünfhundert Mark

für jede Instanz.

§ 2.

Auslagen des Rechtsanwalts, wie Schreibgebühren, Postgeld, Kosten für Reisen zur mündlichen Verhandlung oder zu anderen Zwecken, werden nicht besonders erstattet, sind jedoch bei der Festsetzung der Vergütung in den Grenzen des § 1 zu berücksichtigen.

§ 3.

Für die Teilnahme an Beweisverhandlungen außerhalb des Sitzes des Militärversorgungsgerichts oder des Reichs-Militärversorgungsgerichts kann der Rechtsanwalt, wenn seine Anwesenheit notwendig war, außer der Vergütung (§ 1) eine angemessene Entschädigung beanspruchen. § 2 gilt entsprechend.

---

[1]) Die VO. vom 1. II. 1919 ist S. 40 ff. abgedruckt.

§ 4.

Werden mehrere Streitfälle zwischen denselben Parteien zu gemeinsamer Verhandlung und Entscheidung verbunden, so werden die Vergütungen (§ 1) und die Entschädigung (§ 3) für die Instanz nur einmal gewährt.

§ 5.

Diese Verordnung tritt am 1. März 1919 in Kraft.

Berlin, den 1. März 1919.

Der Reichsarbeitsminister.

Bauer.

IV. Ausführungsbestimmungen des Staatenausschusses (Bundesrats).

1. Ausführungsbestimmungen des Staatenausschusses zur Verordnung über Änderung des Verfahrens in Militärversorgungssachen vom 1. Februar 1919 (RGBl. S. 149)[1]. Vom 27. Februar 1919 (RGBl. S. 251).

Der Staatenausschuß hat nachstehende Bestimmungen zur Ausführung der Verordnung vom 1. Februar 1919 über Änderung des Verfahrens in Militärversorgungssachen (RGBl. S. 149) beschlossen:

Artikel I.

Die Bestimmungen des Bundesrats vom 19. Juni 1906 zur Ausführung des Mannschaftsversorgungsgesetzes (Zentralblatt für das Deutsche Reich S. 662) werden wie folgt geändert:

1. In der Nr. 3 treten an die Stelle des Abs. 2 folgende Bestimmungen:
   Über jede Regelung des Bezugs der Versorgungsgebührnisse haben die Pensionsregelungsbehörden einen Bescheid zu erteilen, der den Vorschriften des § 29 Abs. 3, 4 des Mannschaftsversorgungsgesetzes in der Fassung der Verordnung vom 1. Februar 1919[2]) entspricht. Bei Regelungen nach § 36 Abs. 1 Nr. 3, 4 und § 37 des Mannschaftsversorgungsgesetzes und den entsprechenden älteren Gesetzesvorschriften können die in das Quittungsbuch (Rentenbuch) zu machenden Eintragungen als Bescheid gelten, wenn sie den Vorschriften des § 29 Abs. 3, 4 des Mannschaftsversorgungsgesetzes[2]) entsprechen. Die Eintragungen sind in den Akten zu beurkunden.
   Der Bescheid ist dem Empfänger unter Einschreiben gegen Postrückschein oder — im Ortsverkehre — gegen Empfangsbescheinigung zuzustellen, den im Zivildienst (§ 36 Abs. 2 des Mannschaftsversorgungsgesetzes) angestellten oder beschäftigten Personen durch Vermittlung ihrer vorgesetzten Dienstbehörde gegen Empfangsbescheinigung auszuhändigen.
   Postrückschein oder Empfangsbescheinigung, aus denen die den Bescheid erteilende Behörde, das Datum des Bescheids und der Tag

---

[1]) Die VO. vom 1. II. 1919 ist S. 40ff. abgedruckt.

[2]) Vgl. S. 51.

der Zustellung oder der Aushändigung an den Empfangsberechtigten ersichtlich sein müssen, sind zu den Akten der Pensionsregelungsbehörde zu bringen.

Gegen den Bescheid der Pensionsregelungsbehörde ist innerhalb der im § 29 Abs. 2 des Mannschaftsversorgungsgesetzes[1]) vorgesehenen Frist der Einspruch an die oberste Militärverwaltungsbehörde des Kontingents zulässig, sofern diese nicht schon als Pensionsregelungsbehörde entschieden hat. Der Einspruch ist bei der Pensionsregelungsbehörde einzulegen, die ihn mit Vorgängen und Begutachtung der obersten Militärverwaltungsbehörde des Kontingents zur Entscheidung vorlegt.

Die vorstehenden Bestimmungen gelten auch außerhalb der Fälle der §§ 22, 33 bis 38 des Mannschaftsversorgungsgesetzes entsprechend, wenn zwischen dem Berechtigten und dem Militärfiskus über die Zahlung der Versorgungsgebührnisse Streit besteht.

2. In der Nr. 7 werden

a) im Abs. 2 hinter den Worten „nach dem Gesetze zu entscheiden" die Worte „die erforderliche Eintragung zu machen" ersetzt durch die Worte „die erforderlichen Eintragungen zu machen oder einen besonderen Bescheid zu erteilen (Nr. 3 Abs. 2)",

b) im Abs. 4 die Worte „wieder ausgehändigt, nachdem dieser durch Namensunterschrift die Regelungsverfügung anerkannt hat" durch die Worte ersetzt „gemäß Nr. 3 Abs. 3 wieder ausgehändigt",

c) im Abs. 6 hinter den Worten „bis zum Entlassungstage" die Worte „gemäß Nr. 3 Abs. 3" eingefügt.

Artikel II.

Die Bestimmungen des Bundesrats vom 19. Juni 1906 zur Ausführung des Offizierpensionsgesetzes (Zentralblatt für das Deutsche Reich S. 659) werden wie folgt geändert:

In der Nr. 1 treten an die Stelle der Abs. 2, 3 folgende Bestimmungen:

Über jede Regelung des Bezugs der Pensionsgebührnisse haben die Pensionsregelungsbehörden einen Bescheid zu erteilen, der den Vorschriften des § 19 des Offizierpensionsgesetzes in Verbindung mit § 29 Abs. 3, 4 des Mannschaftsversorgungsgesetzes in der Fassung der Verordnung vom 1. Februar 1919[1]) entspricht.

Der Bescheid ist dem Empfänger unter Einschreiben gegen Postrückschein oder im — im Ortsverkehre — gegen Empfangsbescheinigung zuzustellen, den im Zivildienst (§ 24 Abs. 2 des Offizierpensionsgesetzes) angestellten oder beschäftigten Personen durch Vermittlung ihrer vorgesetzten Dienstbehörde gegen Empfangsbescheinigung auszuhändigen.

Postrückschein oder Empfangsbescheinigung, aus denen die den Bescheid erteilende Behörde, das Datum des Bescheids und der Tag der Zustellung oder der Aushändigung an den Empfangsberechtigten ersichtlich sein müssen, sind zu den Akten der Pensionsregelungsbehörde zu bringen.

Gegen den Bescheid der Pensionsregelungsbehörde ist innerhalb der im § 29 Abs. 2 des Mannschaftsversorgungsgesetzes[1]) vorgesehe-

[1]) Vgl. S. 51.

nen Frist der Einspruch an die oberste Militärverwaltungsbehörde des Kontingents zulässig, sofern diese nicht schon als Pensionsregelungsbehörde entschieden hat. Der Einspruch ist bei der Pensionsregelungsbehörde einzulegen, die ihn mit Vorgängen und Begutachtung der obersten Militärverwaltungsbehörde des Kontingents zur Entscheidung vorlegt.

Die vorstehenden Bestimmungen gelten auch außerhalb der Fälle der §§ 22 bis 26, 57 des Offizierpensionsgesetzes entsprechend, wenn zwischen dem Berechtigten und dem Militärfiskus über die Zahlung der Pensionsgebührnisse Streit besteht.

Artikel III.

Zur Ausführung des Militärhinterbliebenengesetzes vom 17. Mai 1907 (Reichs-Gesetzbl. S. 214) wird folgendes bestimmt:

1. Dem Pensionsregelungsverfahren im Sinne des § 29 Abs. 6 des Mannschaftsversorgungsgesetzes[1]) steht das Regelungsverfahren gleich, das sich bei der Hinterbliebenenversorgung, insbesondere aus § 3 Nr. 2, §§ 4, 5, 7, § 14 in Verbindung mit § 3 Nr. 2, aus §§ 15, 21, 30, 31, 32, 33, 38, 40, 43, 44, 47, 49 des Militärhinterbliebenengesetzes ergibt.

Als Pensionsregelungsbehörden gelten die Behörden, denen die Regelung der Hinterbliebenengebührnisse obliegt.

2. Treten in den persönlichen Verhältnissen der bezugsberechtigten Hinterbliebenen Veränderungen ein, die ein Erlöschen, Ruhen oder Wiederaufleben des Rechtes auf den Bezug von Versorgungsgebührnissen oder eine Erhöhung oder Ermäßigung der letzteren bedingen können, so haben sie hiervon der Pensionsregelungsbehörde Mitteilung zu machen. Die gleiche Verpflichtung liegt allen Behörden ob, die amtlich von Veränderungen der erwähnten Art Kenntnis erhalten.

Handelt es sich um die Anstellung oder Beschäftigung im Zivildienst (§ 31 Abs. 2 Nr. 2 des Militärhinterbliebenengesetzes), so ist anzugeben:

a) Art des Anstellungs- oder Beschäftigungsverhältnisses, insbesondere, ob die Witwe oder Waise als Beamter angestellt ist oder in der Eigenschaft eines solchen beschäftigt wird oder ob sie nur in ein privatrechtliches Vertragsverhältnis eines Dienstverpflichteten zu der Behörde tritt,
b) Tag des Beginns der Anstellung oder Beschäftigung,
c) Höhe und Art des Diensteinkommens sowie Zeitpunkt, von dem ab das Einkommen gewährt wird.

3. Die Frage, ob eine Witwe usw. im Zivildienst als Beamter angestellt oder in der Eigenschaft eines solchen beschäftigt wird und ob demnach die Vorschrift des § 31 Abs. 2 Nr. 2 des Militärhinterbliebenengesetzes auf sie anzuwenden ist oder ob sie sich nur in einem privatrechtlichen Vertragsverhältnis eines Dienstverpflichteten zu der Behörde befindet, ist schon bei Beginn der Dienstleistung klarzustellen. Zunächst entscheidet hierüber die dem Angestellten oder Beschäftigten vorgesetzte Behörde; die Entscheidung unterliegt jedoch der Nachprüfung durch die Pensionsregelungsbehörde. Ist diese nicht gleichzeitig oberste Militärverwaltungsbehörde des Kontingents, so ist noch deren Entscheidung herbeizuführen, wenn zwischen der der Witwe usw. vorgesetzten

---

[1]) Vgl. S. 51.

Behörde und der Pensionsregelungsbehörde eine Meinungsverschiedenheit bestehen bleibt oder wenn bei der Pensionsregelungsbehörde Bedenken gegen die Entscheidung einer Zentralbehörde obwalten.

4. Über jede Regelung des Bezugs der Versorgungsgebührnisse haben die Pensionsregelungsbehörden einen Bescheid zu erteilen, der den Vorschriften des § 28 Abs. 3 des Militärhinterbliebenengesetzes[1]) in Verbindung mit § 29 Abs. 3, 4 des Mannschaftsversorgungsgesetzes in der Fassung der Verordnung vom 1. Februar 1919[2]) entspricht.

Der Bescheid ist dem Empfänger unter Einschreiben gegen Postrückschein oder — im Ortsverkehre — gegen Empfangsbescheinigung zuzustellen, den im Zivildienst (§ 31 Abs. 2 Nr. 2 des Militärhinterbliebenengesetzes) angestellten oder beschäftigten Personen durch Vermittlung ihrer vorgesetzten Dienstbehörde gegen Empfangsbescheinigung auszuhändigen.

Postrückschein oder Empfangsbescheinigung, aus denen die den Bescheid erteilende Behörde, das Datum des Bescheids und der Tag der Zustellung oder der Aushändigung an den Empfangsberechtigten ersichtlich sein müssen, sind zu den Akten der Pensionsregelungsbehörde zubringen.

5. Bezüglich der Einsprüche gegen die Bescheide der Pensionsregelungsbehörden gelten die Bestimmungen des Artikel I 1 Abs. 4 entsprechend.

6. Die vorstehenden Bestimmungen gelten auch außerhalb der Fälle des § 3 Nr. 2, der §§ 4, 5, 7, § 14 in Verbindung mit § 3 Nr. 2, der §§ 15, 21, 30, 31, 32, 33, 38, 40, 43, 44, 47, 49 des Militärhinterbliebenengesetzes entsprechend, wenn zwischen dem Berechtigten und dem Militärfiskus über die Zahlung der Versorgungsgebührnisse Streit besteht.

Berlin, den 27. Februar 1919.

Der Reichsminister des Innern.
Im Auftrage:
Dammann.

2. Bestimmungen des Bundesrats vom 19. Juni 1906 zur Ausführung des Mannschaftsversorgungsgesetzes (ZBl. S. 662).

In der Fassung der Ausführungsbestimmungen des Staatenausschusses vom 27. Februar 1919[3]).

Auf Grund des Artikel 7 Nr. 2 der Reichsverfassung hat der Bundesrat nachstehende

Bestimmungen

zur Ausführung der §§ 17, 18, 20, 21, 22, 33 bis 38, 40 des Gesetzes über die Versorgung der Personen der Unterklassen des Reichsheeres,

[1]) Vgl. S. 54.

[2]) Vgl. S. 51.

[3]) Die durch die Ausführungsbestimmungen des Staatenausschusses vom 27. Februar 1919 — abgedruckt S. 83 ff. — geänderten Bestimmungen sind durch schräge Schrift kenntlich gemacht.

der Kaiserlichen Marine und der Kaiserlichen Schutztruppen vom 31. Mai 1906 (RGBl. 1906, Nr. 30 S. 593 ff.) unter Aufhebung seiner Bestimmungen vom 22. Februar 1875 beschlossen:

Zu §§ 17, 18, 20, 21.

1. (Ist gegenstandslos).

2. Stellenanwärter, die statt des Zivilversorgungsscheins nachträglich die Zivilversorgungsentschädigung oder die einmalige Geldabfindung wählen, haben hiervon den Anstellungsbehörden, bei denen sie vorgemerkt sind, Anzeige zu erstatten und sind in den Bewerberverzeichnissen zu streichen.

Zu §§ 22, 33 bis 38.

Bei Rückzahlung von Versorgungsgebührnissen oder beim Erlöschen, Ruhen oder Wiederaufleben des Rechtes auf deren Bezug erfolgt die Regelung durch die Behörden, welche von den Bundesstaaten hierzu bestimmt sind oder hierzu bestimmt werden (Pensionsregelungsbehörden)[1].

Über jede Regelung des Bezugs der Versorgungsgebührnisse haben die Pensionsregelungsbehörden einen Bescheid zu erteilen, der den Vorschriften des § 29 Abs. 3, 4 des Mannschaftsversorgungsgesetzes in der Fassung der Verordnung vom 1. Februar 1919[2]*) entspricht. Bei Regelungen nach § 36 Abs. 1, Nr. 3, 4 und § 37 des Mannschaftsversorgungsgesetzes und den entsprechenden älteren Gesetzesvorschriften können die in das Quittungsbuch (Rentenbuch) zu machenden Eintragungen als Bescheid gelten, wenn sie den Vorschriften des § 29 Abs. 3, 4 des Mannschaftsversorgungsgesetzes entsprechen. Die Eintragungen sind in den Akten zu beurkunden.*

Der Bescheid ist dem Empfänger unter Einschreiben gegen Postrückschein oder — im Ortsverkehre — gegen Empfangsbescheinigung zuzustellen, den im Zivildienst (§ 36 Abs. 2 des Mannschaftsversorgungsgesetzes) angestellten oder beschäftigten Personen durch Vermittlung ihrer vorgesetzten Dienstbehörde gegen Empfangsbescheinigung auszuhändigen.

Postrückschein oder Empfangsbescheinigung, aus denen die den Bescheid erteilende Behörde, das Datum des Bescheids und der Tag der Zustellung oder der Aushändigung an den Empfangsberechtigten ersichtlich sein müssen, sind zu den Akten der Pensionsregelungsbehörde zu bringen.

Gegen den Bescheid der Pensionsregelungsbehörde ist innerhalb der im § 29 Abs. 2 des Mannschaftsversorgungsgesetzes[2]*) vorgesehenen Frist der Einspruch an die oberste Militärverwaltungsbehörde des Kontingents zulässig, sofern diese nicht schon als Pensionsregelungsbehörde entschieden hat. Der Einspruch ist bei der Pensionsregelungsbehörde einzulegen, die ihn mit Vorgängen und Begutachtung der obersten Militärververwaltungsbehörde des Kontingents zur Entscheidung vorlegt.*

Die vorstehenden Bestimmungen gelten auch außerhalb der Fälle der §§ 22, 33 bis 38 des Mannschaftsversorgungsgesetzes entsprechend, wenn zwischen dem Berechtigten und dem Militärfiskus über die Zahlung der Versorgungsbebührnisse Streit besteht.

Den Pensionsregelungsbehörden ist von allen Veränderungen in den persönlichen Verhältnissen eines Invaliden oder Rentenempfängers, welche die Rückzahlung von Versorgungsgebührnissen oder ein Erlöschen, Ruhen oder Wiederaufleben des Rechtes auf deren Bezug zur Folge haben können, insbesondere von allen Anstellungen oder Beschäftigungen im Militär- oder Zivildienste, bei Kapitulanten mit einer Dienst-

---

[1]) Ein Verzeichnis der Pensionsregelungsbehörden ist S. 100 f. abgedruckt.

[2]) Vgl. S. 51.

zeit von mindestens achtzehn Jahren auch von jeder Erhöhung des Diensteinkommens, bis zum Betrage von 2000 M., Mitteilung zu machen und zwar in den Fällen:

des § 22, § 36 Nr. 3, § 37 von der dem Invaliden oder Rentenempfänger vorgesetzten Behörde;
des § 33 Nr. 1, § 36 Nr. 2 von den Truppenteilen oder Marineteilen;
des § 33 Nr. 3, § 34 Abs. 1 Satz 2, § 35 Nr. 2 von den zuständigen Gerichten oder Staatsanwaltschaften;
des § 36 Nr. 1 von den daselbst genannten Anstalten oder Instituten;
des § 36 Nr. 4 von den die Zivilpension anweisenden Behörden.

Die Mitteilung muß alle für die Regelung des Bezugs der Versorgungsgebührnisse erforderlichen Angaben enthalten; das Renten-(Pensions-)Quittungsbuch ist der Mitteilung beizufügen. Wenn von vornherein feststeht, daß die Anstellung oder Beschäftigung im Zivildienst einen Zeitraum von sechs Monaten nicht überschreiten wird oder wenn sich der Aufenthalt in einer der im § 36 Nr. 1 genannten Anstalten oder die vorübergehende Heranziehung zum aktiven Militärdienste (§ 36 Nr. 2) nicht auf einen vollen Kalendermonat erstreckt, so kann die Mitteilung an die Pensionsregelungsbehörde unterbleiben, da in diesem Falle nach § 38 das Recht auf den Bezug der Versorgungsgebührnisse nicht zu ruhen hat.

5. Die Bewilligung der einmaligen Geldabfindung von 1500 ℳ an Kapitulanten (§ 22) ist aus dem Militärpasse zu ersehen.

Die vorgesetzte Behörde hat den Angestellten oder Beschäftigten auf seine gesetzliche Verpflichtung zur Rückzahlung des Betrags besonders hinzuweisen. Die Rückzahlung kann mit Genehmigung der Pensionsregelungsbehörde in angemessenen Teilbeträgen erfolgen.

6. Wird ein Invalide oder Rentenempfänger in eine der im § 36 Nr. 1 genannten Anstalten aufgenommen, so entscheiden die Militärbehörden (Generalkommandos) bezw. Marinebehörden (Stationskommandos) oder das Oberkommando der Schutztruppen darüber, ob die Invalidenpension oder Rente ganz oder zum Teil zur Bestreitung des Unterhalts der Familie zu gewähren ist.

Unter Familie im Sinne dieser Vorschrift sind außer der Ehefrau und der im § 39 Abs. 1 bezeichneten Nachkommenschaft auch Pflegekinder sowie die Eltern und Großeltern des Invaliden oder Rentenempfängers zu verstehen, sofern dieser ihr Ernährer ist.

7. Bei Anstellungen oder Beschäftigungen im Zivildienste (§ 36 Abs. 2) hat die vorgesetzte Behörde dem Invaliden- oder Rentenempfänger das Renten-(Pensions-)Quittungsbuch abzufordern und das Anstellungs- oder Beschäftigungsverhältnis einzutragen unter folgenden Angaben:

a) Art des Anstellungs- oder Beschäftigungsverhältnisses, insbesondere ob der Invalide oder Rentenempfänger als Beamter angestellt ist oder in der Eigenschaft eines solchen beschäftigt wird oder ob er nur in ein privatrechtliches Vertragsverhältnis eines Dienstverpflichteten zu der Behörde tritt;
b) Tag des Beginns der Anstellung oder Beschäftigung;
c) Einkommen und Zeitpunkt, von welchem ab das Einkommen gewährt wird.

Demnächst ist das Quittungsbuch der Pensionsregelungsbehörde vorzulegen, welche wegen Fortgewährung oder teilweiser oder gänzlicher

Einbehaltung der Invalidenpension oder Rente nach dem Gesetze zu entscheiden, *die erforderlichen Eintragungen zu machen oder einen besonderen Bescheid zu erteilen (Nr. 3 Abs. 2)* und die zuständige Kasse mit Zahlungsanweisung zu versehen hat.

Fällt der Zeitpunkt, mit welchem die Zahlung des Einkommens beginnt, nicht mit dem Zeitpunkte des Beginns der Anstellung oder Beschäftigung zusammen, so ist für den Fortbezug der Invalidenpension oder Rente der Zeitpunkt des Beginns der Zahlung des Einkommens als der maßgebende anzusehen.

Das Quittungsbuch wird sodann durch Vermittlung der vorgesetzten Behörde dem Invaliden oder Rentenempfänger *gemäß Nr. 3 Abs. 3 wieder ausgehändigt,* ihm aber wieder abgenommen und von der vorgesetzten Behörde aufbewahrt, sobald er zur Erhebung von Versorgungsgebührnissen nicht mehr berechtigt ist.

Um den regelmäßigen Empfang der Versorgungsgebührnisse nicht zu stören, sollen die Quittungsbücher in der Zeit zwischen dem zweiten und letzten Tage eines und desselben Monats abgenommen und zurückgegeben werden.

Bei dem Ausscheiden aus dem Zivildienste mit oder ohne Pension ist das Quittungsbuch der Pensionsregelungsbehörde zur anderen Regelung des Invalidenpensions- oder Rentenbezugs so zeitig vorzulegen, daß es an den Inhaber noch bis zum Entlassungstage *gemäß Nr. 3 Abs. 3* ausgehändigt werden kann.

Die Quittungsbücher sind fortan nach dem beiliegenden Muster anzufertigen[1]).

Für diejenigen Invaliden, deren Versorgungsgebührnisse nicht nach dem neuen Gesetze festgestellt sind, können die bisherigen Quittungsbücher noch weiter benutzt werden.

8. Die Frage, ob ein Invalide oder Rentenempfänger im Zivildienst als Beamter angestellt oder in der Eigenschaft eines solchen beschäftigt wird und ob demnach die Vorschrift des § 36 Nr. 3 auf ihn anzuwenden ist oder ob er sich nur in einem privatrechtlichen Vertragsverhältnis eines Dienstverpflichteten zu der Behörde befindet, ist schon bei Beginn der Dienstleistung klarzustellen. Zunächst entscheidet hierüber die dem Angestellten oder Beschäftigten vorgesetzte Behörde; die Entscheidung unterliegt jedoch der Nachprüfung durch die Pensionsregelungsbehörde. Ist diese nicht gleichzeitig oberste Militärverwaltungsbehörde des Kontingents bezw. oberste Marineverwaltungsbehörde oder die Kolonialabteilung des Auswärtigen Amtes[2]), so ist noch deren Entscheidung herbeizuführen, wenn zwischen der dem Invaliden oder Rentenempfänger vorgesetzten Behörde und der Pensionsregelungsbehörde eine Meinungsverschiedenheit bestehen bleibt oder wenn bei der Pensionsregelungsbehörde Bedenken gegen die Entscheidung einer Zentralbehörde obwalten.

9. Invaliden oder Rentenempfänger, die sich im Ausland aufhalten, müssen ihre Versorgungsgebührnisse im Inland entweder in eigener Person oder durch Bevollmächtigte erheben und den Nachweis der Reichsangehörigkeit beibringen, sowie den Nachweis des Lebens, falls sie ihre

[1]) Das Muster ist nicht mit abgedruckt. Durch Bekanntmachung vom 16. April 1912 (ZBl. S. 281ff.) ist für die Quittungsbücher eine neue Form vorgeschrieben. Diese ist beim Neudruck 1916 wiederum geändert worden.

[2]) Jetzt Reichskolonialministerium.

Gebührnisse nicht persönlich erheben; ausnahmsweise kann mit Einverständnis des Auswärtigen Amtes die Zahlung durch das zuständige Konsulat erfolgen.

Vorübergehend, zum Beispiel zum Kurgebrauch, im Auslande sich aufhaltende, aber im Inlande wohnhafte Invaliden und Rentenempfänger sind von dem Nachweise der Reichsangehörigkeit befreit.

10. Die Zahlung der nach § 36 Nr. 4 Schlußsatz dem Zivilpensionsfonds zu erstattenden Invalidenpensions- und Rentenbeträge erfolgt auf Anweisung der Pensionsregelungsbehörde am Schlusse jedes Rechnungsjahres.

Zu § 40.

11. Zu Unrecht erhobene Versorgungsgebührnisse, welche nicht alsbald zurückgezahlt werden können, sind durch Anrechnung auf die fälligen Gebührnisse von der Pensionsregelungsbehörde einzuziehen. Die Höhe der Abzüge ist nach Lage der Verhältnisse des Invaliden oder Rentenempfängers von der genannten Behörde festzusetzen. Dabei ist indes nicht außer acht zu lassen, daß die vollständige Rückzahlung des überhobenen Betrags nach Möglichkeit sichergestellt werden muß.

---

3. Bestimmuungen des Bundesrats vom 19. Juni 1906 zur Ausführung des Offizierpensionsgesetzes (ZBl. S. 659).

In der Fassung der Ausführungsbestimmungen des Staatenausschusses vom 27. Februar 1919[1]).

Auf Grund des Artikel 7 Nr. 2 der Reichsverfassung hat der Bundesrat nachstehende

Bestimmungen

zur Ausführung der §§ 22 bis 26, 34, 35, 37 und 57 des Gesetzes über die Pensionierung der Offiziere einschließlich Sanitätsoffiziere des Reichsheeres, der Kaiserlichen Marine und der Kaiserlichen Schutztruppen vom 31. Mai 1906 (Reichs-Gesetzbl. 1906 Nr. 30 S. 565ff.) beschlossen:

Zu §§ 22 bis 26 und 57:

1. Beim Erlöschen, Ruhen oder Wiederaufleben des Rechtes auf den Bezug der Pensionsgebührnisse erfolgt die Regelung durch die Behörden, welche von den Bundesstaaten hierzu bestimmt sind oder hierzu bestimmt werden (Pensionsregelungsbehörden)[2]).

Über jede Regelung des Bezugs der Pensionsgebührnisse haben die Pensionsregelungsbehörden einen Bescheid zu erteilen, der den Vorschriften

---

[1]) Die durch die Ausführungsbestimmungen des Staatenausschusses vom 27. Februar 1919 — abgedruckt S. 83 ff. — geänderten Bestimmungen sind durch schräge Schrift kenntlich gemacht.

[2]) Ein Verzeichnis der Pensionsregelungsbehörden ist S. 100 f. abgedruckt.

des § 19 des Offizierpensionsgesetzes[1]) *in Verbindung mit § 29 Abs. 3, 4 des Mannschaftsversorgungsgesetzes in der Fassung der Verordnung vom 1. Februar 1919*[2]) *entspricht.*

Der Bescheid ist dem Empfänger unter Einschreiben gegen Postrückschein oder — im Ortsverkehre — gegen Empfangsbescheinigung zuzustellen, den im Zivildienst (§ 24 Abs. 2 des Offizierpensionsgesetzes) angestellten oder beschäftigten Personen durch Vermittlung ihrer vorgesetzten Dienstbehörde gegen Empfangsbescheinigung auszuhändigen.

Postrückschein oder Empfangsbescheinigung, aus denen die den Bescheid erteilende Behörde, das Datum des Bescheids und der Tag der Zustellung oder der Aushändigung an den Empfangsberechtigten ersichtlich sein müssen, sind zu den Akten der Pensionsregelungsbehörde zu bringen.

Gegen den Bescheid der Pensionsregelungsbehörde ist innerhalb der im § 29 Abs. 2 des Mannschaftsversorgungsgesetzes[2]) *vorgesehenen Frist der Einspruch an die oberste Militärverwaltungsbehörde des Kontingents zulässig, sofern diese nicht schon als Pensionsregelungsbehörde entschieden hat. Der Einspruch ist bei der Pensionsregelungsbehörde einzulegen, die ihn mit Vorgängen und Begutachtung der obersten Militärverwaltungsbehörde des Kontingents zur Entscheidung vorlegt.*

Die vorstehenden Bestimmungen gelten auch außerhalb der Fälle der §§ 22 bis 26, 57 des Offizierpensionsgesetzes entsprechend, wenn zwischen dem Berechtigten und dem Militärfiskus über die Zahlung der Pensionsgebührnisse Streit besteht.

2. Den Pensionsregelungsbehörden ist von allen Veränderungen in den persönlichen Verhältnissen eines Pensionärs, welche ein Erlöschen, Ruhen oder Wiederaufleben des Rechtes auf den Bezug von Pensionsgebührnissen zur Folge haben können, insbesondere von allen Anstellungen oder Beschäftigungen oder Erhöhungen des Diensteinkommens im Militär-, Zivil- oder Gendarmeriedienste Mitteilung zu machen und zwar in den Fällen:

des § 22 Nr. 1, § 24 Nr. 1, 2, § 57 von den Behörden, deren Kassen das Gehalt zahlen;

des § 22 Nr. 2, § 23 Nr. 2 von den zuständigen Gerichten oder Staatsanwaltschaften;

des § 24 Nr. 3, § 57 betreffs des Zivildienstes von den vorgesetzten Behörden, betreffs des Gendarmeriedienstes von den Behörden, deren Kassen das Gehalt zahlen;

des § 26 von den die Zivilpension anweisenden Behörden.

Die Mitteilung muß alle für die Regelung des Bezuges der Pensionsgebührnisse erforderlichen Angaben enthalten.

In den Fällen des § 24 Nr. 2, 3, § 57 sind insbesondere anzugeben:

die genaue Bezeichnung der neuen Dienststellung des Pensionärs,

die Höhe und Art des Diensteinkommens,

der Zeitpunkt, mit welchem der Bezug des Diensteinkommens beginnt oder aufhört,

die Militärdienstzeit ohne Kriegsjahre und ohne Doppelrechnung von Dienstzeit (§§ 16, 53, 69),

die Zivildienstzeit unter Angabe des Zeitpunktes, von welchem ab sie zu berechnen ist.

Bei Anstellung oder Beschäftigung im Zivildienst ist anzugeben, ob der Pensionär als Beamter angestellt oder in der Eigenschaft eines solchen

[1]) Vgl. S. 53.
[2]) Vgl. S. 51

beschäftigt wird und ob demnach § 24 Nr. 3 anwendbar ist oder ob der Pensionär sich nur in einem privatrechtlichen Vertragsverhältnisse eines Dienstverpflichteten zur Behörde befindet.

In dem Falle des § 26 ist der Mitteilung an die Pensionsregelungsbehörde Abschrift der Pensionsnachweisung beizufügen.

3. Die Frage, ob ein Pensionär im Zivildienst als Beamter angestellt oder in der Eigenschaft eines solchen beschäftigt wird und ob demnach die Vorschrift des § 24 Nr. 3 auf ihn anzuwenden ist oder ob er sich nur in einem privatrechtlichen Vertragsverhältnisse eines Dienstverpflichteten zu der Behörde befindet, ist schon bei Beginn der Dienstleistung klarzustellen. Zunächst entscheidet hierüber die dem Pensionär im Zivildienst vorgesetzte Behörde; die Entscheidung unterliegt jedoch der Nachprüfung durch die Pensionsregelungsbehörde. Ist diese nicht gleichzeitig oberste Militärverwaltungsbehörde des Kontingents bezw. oberste Marineverwaltungsbehörde oder die Kolonialabteilung des Auswärtigen Amtes[1]), so ist noch eine Entscheidung der letzteren herbeizuführen, wenn zwischen der dem Pensionär vorgesetzten Behörde und der Pensionsregelungsbehörde eine Meinungsverschiedenheit bestehen bleibt oder wenn bei der Pensionsregelungsbehörde Bedenken gegen die Entscheidung einer Zentralbehörde obwalten.

4. Pensionäre, die sich im Ausland aufhalten, müssen ihre Pensionsgebührnisse im Inland entweder in eigener Person oder durch Bevollmächtigte erheben und den Nachweis der Reichsangehörigkeit beibringen, sowie den Nachweis des Lebens, falls sie ihre Gebührnisse nicht persönlich erheben; ausnahmsweise kann mit Einverständnis des Auswärtigen Amtes die Zahlung durch das zuständige Konsulat erfolgen.

Vorübergehend, zum Beispiel zum Kurgebrauch im Auslande sich aufhaltende, aber im Inlande wohnhafte Pensionäre sind von dem Nachweise der Reichsangehörigkeit befreit.

5. Die Zahlung der nach § 26 Abs. 3 dem Zivilpensionsfonds zu erstattenden Pensionsbeiträge erfolgt auf Anweisung der Pensionsregelungsbehörde am Schlusse jedes Rechnungsjahrs.

Zu § 34.

6. Anträge auf Gewährung von Pensionsgebührnissen aus Militär- bezw. Marine- oder Schutztruppenfonds an Beamte der Zivilverwaltung sind von der die Zivilpension feststellenden Behörde der obersten Militärverwaltungsbehörde des Kontingents bezw. der obersten Marineverwaltungsbehörde oder der Kolonialabteilung des Auswärtigen Amtes vorzulegen. Die erforderlichen Beweisstücke sowie Abschrift der Zivilversorgungsnachweisung sind dem Antrage beizufügen.

Steht dem Beamten zur Zeit des Ausscheidens aus dem Zivildienst ein pensionsfähiges Diensteinkommen nicht zu, so ist als solches das niedrigste pensionsfähige Diensteinkommen derjenigen Dienststelle anzunehmen, in welcher der Beamte beim Fortbestehen seiner Dienstfähigkeit zuerst eine Anstellung mit Pensionsberechtigung hätte erwarten können. Hatte der Beamte keine Anwartschaft auf das Einrücken in eine bestimmte Dienststelle mit Pensionsberechtigung, so wird das pensionsfähige Diensteinkommen vom Reichskanzler, für das bayerische Kontingent von der bayerischen Staatsregierung bestimmt.

---

[1]) Jetzt Reichskolonialministerium.

Zu § 35.

7. Die in § 35 bezeichneten Personen erhalten Pensionen nach folgenden Grundsätzen:

Als pensionsfähiges Diensteinkommen gelten $^7/_{10}$ der baren Vergütung, welche den genannten Personen als Entschädigung für die Dienstleistungen bei dem Feld- oder Besatzungsheer oder bei der Kaiserlichen Marine für die Dauer eines Jahres zu zahlen ist. Ist eine bare Vergütung nicht zu zahlen, so bestimmt der Reichskanzler, für das bayerische Kontingent die bayerische Staatsregierung, den Betrag des pensionsfähigen Diensteinkommens.

Die Pension beträgt für die Dauer völliger Erwerbsunfähigkeit 75 % des pensionsfähigen Diensteinkommens; sie beträgt bei teilweiser Erwerbsunfähigkeit je nach dem Grade derselben einen in Hundertsteln auszudrückenden Teil des bei völliger Erwerbsunfähigkeit zu gewährenden Betrags.

Nach Bestimmung der obersten Militärverwaltungsbehörde des Kontingents bezw. der obersten Marineverwaltungsbehörde oder der Kolonialabteilung des Auswärtigen Amtes ist der Grad der Erwerbsunfähigkeit eines Pensionärs von Zeit zu Zeit zu prüfen und die Pension entsprechend festzusetzen. Die Pension ist dauernd zu gewähren, sobald ausgeschlossen ist, daß in dem Grade der Erwerbsunfähigkeit eine Änderung eintritt.

Der Jahresbetrag der Pension ist entsprechend dem § 6 Abs. 4 abzurunden.

Neben der Pension ist Verstümmelungszulage, Pensionserhöhung und Tropenzulage nach den Vorschriften der §§ 32, 59, 72 des Offizierpensionsgesetzes zu gewähren, je nachdem die Pensionäre den oberen oder unteren Beamten gleichzuachten sind. Die Entscheidung hierüber trifft die oberste Militärverwaltungsbehörde des Kontingents bezw. die oberste Marineverwaltungsbehörde oder die Kolonialabteilung des Auswärtigen Amtes.

Die Vorschriften in den §§ 32, 33, 35, 36, 38 des Mannschaftsversorgungsgesetzes finden entsprechende Anwendung.

Die Ausstellung der Quittungen erfolgt nach den Bestimmungen für die Zahlung von Pensionsgebührnissen an die Beamten des Reichsheeres bezw. der Kaiserlichen Marine oder der Schutztruppen.

8. Bei Ermittelung der Pensionen für Personen, welche in einem im § 35 bezeichneten Verhältnisse zu einer Kaiserlichen Schutztruppe stehen, ist das pensionsfähige Diensteinkommen eines in unterster Gehaltsstufe stehenden Beamten derjenigen heimischen Beamtenklasse zugrunde zu legen, in welche sie nach ihrer Dienststellung und Diensttätigkeit einzureihen sind.

Der Reichskanzler ist ermächtigt, nach Maßgabe der Dienstzeit des zu Versorgenden zu bestimmen, daß der Betrag einer höheren Gehaltsstufe der Berechnung des pensionsfähigen Diensteinkommens zugrunde zu legen ist.

Ist eine Beamtenklasse, in welche der zu Versorgende einzureihen wäre, nicht vorhanden, so bestimmt der Reichskanzler den Betrag des pensionsfähigen Diensteinkommens.

Zu § 37.

9. Zu Unrecht erhobene Pensionsgebührnisse, welche nicht alsbald zurückgezahlt werden können, sind durch Anrechnung auf die fälligen Gebührnisse von der Pensionsregelungsbehörde einzuziehen. Die Höhe der Abzüge ist nach Lage der Verhältnisse des Pensionärs von der obersten Militärverwaltungsbehörde des Kontingents bezw. der obersten Marineverwaltungsbehörde oder der Kolonialabteilung des Auswärtigen Amtes festzusetzen. Dabei ist indes nicht außer acht zu lassen, daß die vollständige Rückzahlung des überhobenen Betrags nach Möglichkeit sichergestellt werden muß.

V. Ausführungsbestimmungen der obersten Militärverwaltungsbehörden.

1. Ausführungsbestimmungen des Preußischen Kriegsministeriums[1]) zur Verordnung vom 1. Februar 1919 über Änderung des Verfahrens in Militärversorgungssachen[2]).

Vom 27. Februar 1919 (AVBl. S. 172).

Allgemein.

1. Die Verordnung gilt nur für **Ansprüche** auf Feststellung von Versorgungsgebührnissen aus den Militärversorgungsgesetzen, sie findet dagegen nicht Anwendung auf eine Versorgung, die nach den Militärversorgungsgesetzen gewährt werden „kann“, deren Bewilligung sonach in das Ermessen der Militärverwaltung gestellt ist. Für diese „Kannbezüge“ verbleibt es bei den bisherigen Bestimmungen.

Zu Artikel I Nr. 1.

Zu § 29 des Mannschaftsversorgungsgesetzes.

2. Für den Bereich des preußischen Heereskontingents wird der Einspruch gegen Bescheide der höheren Militärverwaltungsbehörde, soweit es sich um Ansprüche auf Feststellung von Versorgungsgebührnissen handelt, allgemein ausgeschlossen. Das Versorgungsamt entscheidet also in diesen Fällen im Verwaltungsverfahren an letzter Stelle; in Fällen, die ihm zweifelhaft erscheinen, hat es zuvor die Stellungnahme des Kriegsministeriums einzuholen. Die Berufung gegen den Bescheid des Versorgungsamts ist unmittelbar bei dem zuständigen Militärversorgungsgericht einzulegen (Artikel II § 10).

Die durch die Verordnung bedingten Änderungen der Pensionierungsvorschrift werden besonders bekanntgegeben.

---

[1]) Zu den Militärversorgungsgesetzen (MVG., OPG., MHG.) sind vom Preußischen Kriegsministerium folgende Ausführungsbestimmungen erlassen worden;

a) Ausführungsbestimmungen vom 19. VI. 1906 zum OPG. (AVBl. 1906 S. 230 sowie Beilage 1 zu Nr. 18 S. 32),

b) Ausführungsbestimmungen vom 19. VI. 1906 zum MVG. (AVBl. 1906 S. 230 sowie Beilage 2 zu Nr. 18 S. 37),

c) Ausführungsbestimmungen vom 1. VII. 1907 zum MHG, (AVBl. 1907 S. 242) und Ergänzung der Ausführungsbestimmungen vom 23. V. 1912 (AVBl. 1912 S. 125).

[2]) Die VO. vom 1. II. 1919 ist S. 40ff. abgedruckt.

Zu § 31 des Mannschaftsversorgungsgesetzes.

3. Den neuen Bescheid erteilt die Behörde, die den aufzuhebenden Bescheid erteilt hat. Hält der Truppenteil oder das Bezirkskommando sich nach Lage des Falles nicht mehr für zuständig, so ist die Sache an das zuständige Versorgungsamt zur Entscheidung abzugeben.

Die Frage, ob durch die Erteilung eines neuen Bescheids nach § 31 Absatz 6 eine Härte beseitigt werden kann, ist wohlwollend zu prüfen.

Zu Artikel I Nr. 2.

Zu § 19 des Offizierpensionsgesetzes und § 28 des Militärhinterbliebenengesetzes.

4. Die Bestimmungen zu 2 und 3 gelten auch für die Fälle, in denen die Versorgungsämter über Ansprüche aus dem Offizierpensionsgesetz oder Militärhinterbliebenengesetze zu entscheiden haben. Haben andere höhere Militärverwaltungsbehörden zu entscheiden, so ist der Einspruch bei diesen Behörden einzulegen, die ihn mit Vorgängen und Begutachtung dem Kriegsministerium zur Entscheidung vorzulegen haben.

5. Für die Zustellung der Feststellungsbescheide gelten die Ausführungsbestimmungen des Kriegsministeriums vom 19. Juni 1906 zum Mannschaftsversorgungsgesetze Ziffer 14 Absatz 3 (Seite 37 der Beilage 2 zu Nr. 18 des Armee-Verordnungsblatts für 1906)[1]).

Zu Artikel II § 3.

6. Die als Beisitzer der Kammern zuzuziehenden Vertreter der Militärverwaltung sind nach Benehmen mit dem zuständigen Militärversorgungsgericht von dem örtlichen Garnisonkommando in mindestens doppelter Zahl aus den Offizieren und Beamten des Versorgungsamts, Offizieren der Versorgungsabteilungen der Bezirkskommandos oder sonstigen Stabsoffizieren, Hauptleuten oder Beamten der Garnison dem Kriegsministerium zur Bestellung vorzuschlagen. Befindet sich am Sitze des Militärversorgungsgerichts keine Garnison, so sind die Vertreter der Militärverwaltung von dem für den Sitz des Militärversorgungsgerichts zuständigen Generalkommando aus der dem Militärversorgungsgericht nächstgelegenen Garnison vorzuschlagen. Das gleiche hat zu geschehen, wenn und soweit das örtliche Garnisonkommando nicht über genügend geeignete Persönlichkeiten verfügt.

Die Beisitzer versehen ihr Amt nebenamtlich.

Die Bestellung erfolgt auf vier K lenderjahre; vor Ablauf dieser Zeit sind rechtzeitig neue Vorrschläge zu machen. Die Beisitzer bleiben im Amte,, bis die Nachfolger eintreten.

Wird ein zum Beisitzer bestellter Offi zier oder Beamter verabschiedet oder versetzt, so ist unter Vorschlag eines Ersatzes an das Kriegsministerium zu berichten.

Zu Artikel II §§ 5, 6.

7. Die als Beisitzer der Senate zuzuziehenden Vertreter der Militärverwaltung bestellt für das preußische Heereskontingent das Preußische Kriegsministerium aus seinem Personal.

---

[1]) Ziffer 14 Abs. 3 aaO. lautet:

„Die Zustellung der schriftlichen Bescheide hat gegen Empfangsbescheinigung zu erfolgen, entweder durch die Post oder durch Vermittlung der Orts- und Polizeibehörden oder auf anderem geeigneten Wege."

Zu Artikel II § 14.

8. In dem Verfahren vor den Militärversorgungsgerichten wird der Rechtsstreit von der Stelle geführt, die die durch die Berufung angefochtene Entscheidung getroffen hat.

Hat zu dem durch Berufung angegriffenen Feststellungsbescheide des Versorgungsamts das Kriegsministerium Stellung genommen (Ziffer 2), so ist ihm die Berufungsbeantwortung vor der Übersendung an das Militärversorgungsgericht vorzulegen. Dies gilt nicht für Fälle, in denen das Kriegsministerium bei der Stellungnahme seine Vorgänge mit übersandt hat, wie dies in Zukunft geschehen wird.

Sämtliche Urteile der Militärversorgungsgerichte, in denen der Militärfiskus ganz oder teilweise verurteilt ist, sind bis auf weiteres umgehend dem Kriegsministerium vorzulegen.

Hält das Versorgungsamt den Rekurs für erforderlich, so hat es ihn zur Wahrung der Frist ohne Begründung beim Reichs-Militärversorgungsgericht einzulegen und sodann einen Entwurf der Rekursbegründung unter Beifügung sämtlicher Vorgänge dem Kriegsministerium vorzulegen.

Vor dem Reichs-Militärversorgungsgericht wird der Rechtsstreit stets von dem Kriegsministerium geführt.

Zu Artikel II § 15.

9. Die Wahrnehmung von Terminen vor den Militärversorgungsgerichten durch einen Vertreter des Militärfiskus ist auf solche Fälle zu beschränken, in denen die schriftliche Erklärnng nach Lage der Sache nicht ausreichend erscheint. Den Vertreter stellt das Versorgungsamt, in dessen Bezirk das Militärversorgungsgericht seinen Sitz hat, aus der Zahl seiner Offiziere und Beamten. Ihm ist eine schriftliche Vollmacht zu erteilen, in der der Abschluß von Vergleichen und die Anerkennung des Anspruchs in der Regel auszuschließen sind.

Zu Artikel II § 17.

10. Von dem Militärfiskus zu tragende Kosten fallen dem Pensionshaushalt zur Last.

Der Kriegsminister. Reinhardt.

Der Unterstaatssekretär. Göhre.

---

2. Ausführungsbestimmungen des Reichs-Marine-Amts vom 6. März 1919 (Marineverordnungsblatt S. 106).

Die Ausführungsbestimmungen des Kriegsministeriums finden auf die Marine mit nachstehenden Maßnahmen entsprechende Anwendung.

1. Es ist zu setzen anstatt:
   „Militärverwaltung“: „Marineverwaltung“,
   „Preußisches Kontingent“: „Marine“,
   „Militärverwaltungsbehörde“: „Marineverwaltungsbehörde“,
   „Kriegsministerium und preußisches Kriegsministerium“: „Reichs-Marine-Amt“,

„Truppenteil“: „Marineteil“,
„Generalkommando“: „Stationskommando“,
„Militärfiskus“: „Marinefiskus“.

2. Ziffer 4 kommt für die Marine nicht in Betracht.
3. Zu Ziffer 5: Siehe Reichs-Marine-Amt A. VII b, 4573 vom 18. August 1906 (Druckschrift D.E. Nr. 388 Seite 109 ff., Ziffer 7)[1].
4. Zu Ziffer 6 und 9, 2. Satz: Wegen der Vertreter der Marineverwaltung bleibt weitere Anordnung vorbehalten.

E. II b. 1577.

Reichs-Marine-Amt.
Rogge.

[1]) Gemeint sind die Ausführungsbestimmungen des Reichs-Marine-Amts vom 18. August 1906 zum MVG., nach deren Ziffer 7 für das geschäftliche Verfahren die Bestimmungen der Pensionierungs-Vorschrift für die Marine maßgebend sind.

VI. Verzeichnisse.

1. Oberversicherungsämter.

Nach Art. II § 2 Abs. 1 der Verordnung über Änderung des Verfahrens in Militärversorgungssachen vom 1. Februar 1919 (RGBl. S. 149)[1]) werden die Militärversorgungsgerichte bei den Oberversicherungsämtern (§ 62 RVO.) errichtet. Die Oberversicherungsämter sind die höheren Spruch-, Beschluß- und Aufsichtsbehörden der Reichsversicherung (§ 61 Abs. 1 RVO.). Über ihre Errichtung schreibt § 62 RVO. vor:

„Das Oberversicherungsamt wird in der Regel für den Bezirk einer höheren Verwaltungsbehörde errichtet.

Die oberste Verwaltungsbehörde kann den Bezirk anders abgrenzen.

Die Landesregierungen mehrerer Bundesstaaten können für ihre Gebiete oder Teile davon ein gemeinsames Oberversicherungsamt errichten."

Die — allgemeinen — Oberversicherungsämter des § 62 RVO. sind danach örtlich abgegrenzte Landesbehörden. Daneben läßt § 63 RVO. die Errichtung besonderer Oberversicherungsämter für bestimmte Betriebe und Betriebsgruppen zu. Diese besonderen Oberversicherungsämter kommen aber, wie der Hinweis auf § 62 RVO. im Art. II § 2 Abs. 1 der Verordnung vom 1. Februar 1919 ergibt, für die Militärversorgung nicht in Betracht.

Auf Grund des § 62 RVO. sind in Preußen 38 allgemeine Oberversicherungsämter errichtet, und zwar für jeden der 36 Regierungsbezirke eines, ferner ein zweites für den Regierungsbezirk Arnsberg in Dortmund und eines für Groß Berlin in Charlottenburg.

In Bayern sind 8 allgemeine Oberversicherungsämter errichtet, und zwar in München, Landshut, Speyer, Regensburg, Bayreuth, Nürnberg, Würzburg, Augsburg.

In Sachsen sind 5 allgemeine Oberversicherungsämter errichtet, und zwar für die Regierungsbezirke Dresden, Leipzig, Zwickau, Chemnitz und Bautzen, je am Sitze der Kreishauptmannschaft.

In Württemberg ist ein allgemeines Oberversicherungsamt in Stuttgart (mit besonderen Spruchkammern in Reutlingen, Ellwangen und Ulm) errichtet.

In Baden sind 4 allgemeine Oberversicherungsämter errichtet, und zwar in Konstanz, Freiburg, Karlsruhe und Mannheim.

---

[1]) Die VO. vom 1. II. 1919 ist S. 40ff. abgedruckt.

Allgemeine Oberversicherungsämter sind ferner errichtet:

für Hessen in Darmstadt,
„ Mecklenburg-Schwerin in Schwerin,
„ Mecklenburg-Strelitz in Neustrelitz,
„ Oldenburg in Oldenburg (mit besonderen Spruchkammern in Eutin und Birkenfeld),
„ Braunschweig in Braunschweig,
„ Sachsen-Meiningen in Meiningen,
„ Anhalt in Dessau,
„ Lippe in Detmold.
„ Lübeck in Lübeck,
„ Bremen in Bremen,
„ Hamburg in Hamburg,
„ den Bezirk Unterelsaß in Straßburg,
„ „ „ Oberelsaß in Mülhausen (mit einer besonderen Spruchkammer in Colmar),
„ „ Bezirk Lothringen in Metz.

Auf Grund des § 62 Abs. 3 RVO. sind als gemeinsame Oberversicherungsämter errichtet worden das Oberversicherungsamt in Hannover für den Regierungsbezirk Hannover und die ehemaligen Fürstentümer Pyrmont und Schaumburg-Lippe sowie das Oberversicherungsamt in Cassel für den Regierungsbezirk Cassel und das Fürstentum Waldeck. Ferner sind durch Staatsvertrag errichtet worden:

das „gemeinschaftliche Oberversicherungsamt" in Gotha für das ehemalige Großherzogtum Sachsen und das ehemalige Herzogtum Sachsen-Coburg-Gotha (mit besonderen Spruchkammern in Coburg, Weimar und Eisenach),
das gemeinsame Oberversicherungsamt in Gera für Sachsen-Altenburg, Reuß ä. L. und Reuß j. L. sowie
das Oberversicherungsamt in Arnstadt für die beiden ehemaligen Fürstentümer Schwarzburg.

In Preußen sind die Oberversicherungsämter den Regierungen an ihrem Sitze, das Oberversicherungsamt in Dortmund der Regierung in Arnsberg, das Oberversicherungsamt Groß Berlin dem Oberpräsidium der Provinz Brandenburg angegliedert. In Bayern sind die Oberversicherungsämter den Kreisregierungen angegliedert. In Sachsen und Württemberg sind sie als selbstständige Behörden errichtet. In den übrigen Bundesstaaten sind sie teils selbständig teils angegliedert.

2. Pensionsregelungsbehörden.

a) Nach der Anlage 11 zur Pensionierungs-Vorschrift für das Preußische Heer vom 16. März 1912 sind zuständig für die Zahlbarmachung usw. von Versorgungsgebührnissen an preußische Empfangsberechtigte beim Aufenthalt:

in Preußen die Regierungen (in Berlin das Polizeipräsidium),
in Baden die Intendantur XIV. Armeekorps,
in Elsaß-Lothringen das Ministerium für Elsaß-Lothringen, Abteilung für Finanzen, Handel und Domänen,
in Bayern die Regierung in Cassel,
in Hessen die Regierung in Cassel,
in Waldeck-Pyrmont die Regierung in Cassel,
in Sachsen die Regierung in Liegnitz,

in Württemberg die Regierung in Wiesbaden,
in Sachsen-Weimar die Regierung in Erfurt,
in Sachsen-Altenburg die Regierung in Erfurt,
in Sachsen-Coburg-Gotha die Regierung in Erfurt,
in Sachsen-Meiningen die Regierung in Erfurt,
in Schwarzburg-Rudolstadt und Schwarzburg-Sondershausen die Regierung in Erfurt,
in Mecklenburg-Schwerin und Mecklenburg-Strelitz die Regierung in Schleswig,
in Hamburg, Lübeck, Bremen die Regierung in Schleswig,
in Oldenburg die Regierung in Aurich,
in Braunschweig die Regierung in Magdeburg,
in Anhalt die Regierung in Magdeburg,
in Reuß die Regierung in Merseburg,
in Lippe-Detmold und Schaumburg-Lippe die Regierung in Minden.

Die Zahlung der Versorgungsgebührnisse solcher Personen, die der Ost-asiatischen Expedition angehört haben, erfolgt gleichfalls durch die vorgenannten Behörden. Für die Regelung des Bezugs der Gebührnisse während der Anstellung im Zivildienste sind die Behörden der betreffenden Bundesstaaten zuständig.

Die Zahlung der Versorgungsgebührnisse solcher Personen, die sich bei Feststellung ihrer Versorgungsgebührnisse im Ausland befinden, erfolgt durch die Militär-Pensionskasse in Berlin. Pensionsregelungsbehörde ist das Polizeipräsidium in Berlin.

b) Pensionsregelungsbehörden für die Schutztruppen sind nach der Anlage 16 zur Pensionierungs-Vorschrift für das Preußische Heer

in der Heimat die in Anlage 11 (s. oben unter a) aufgeführten Behörden,
in den Schutzgebieten die Gouvernements, und zwar:
- in Daressalam für Deutsch-Ostafrika,
- in Buea für Kamerun,
- in Lome für Togo,
- in Windhuk für Südwestafrika,
- in Rabaul für Neu-Guinea und
- in Apia für Samoa.

Zahlstellen sind:

für die in Berlin und dauernd im Ausland sich aufhaltenden Personen die Kolonialhauptkasse — Berlin W 8, Mauerstraße 45/46,
für die dauernd in den Schutzgebieten sich aufhaltenden Personen die Gouvernementshauptkassen.

c) Pensionsregelungsbehörden sind für Sachsen und Württemberg die Korpsintendanturen, für Bayern das Kriegsministerium.

Sachverzeichnis.

(Die Ziffern bedeuten die Seiten des Buches.)

Abgabe von grundsätzlich. Sachen an RMVG. 74.
Ablehnung der Übernahme des Amtes eines Beisitzers 58, 62 (§ 29 Abs. 4).
— von Gerichtsmitgliedern 70, 77.
Abschrift von Schriftsätzen usw. 65, 66.
— von Beweisverhandlungen 68, 72.
— von Urteilen 76, 77, 78.
Abstimmung 74, 77.
Abweichung von Entscheidungen 29, 45, 74, 78.
Abwesenheitsvertreter 65, 77 (§ 98).
Akteneinsicht 68.
Amtliche Nachrichten 78.
Amtspflicht-Verletzung 58, 59, 62 (§ 29 Abs. 4).
Andere amtliche Stellen. Einlegen von Einsprüchen usw. bei A. a. St. 15, 40, 51, 63, 77 (§ 98).
Anerkennung von Ansprüchen 97.
Ansprüche. Entscheidung innerhalb der A. 73.
— Übergehung von A. 76, 77 (§ 98).
— Anerkennung von A. 97.
Arbeiter oder Soldat 29, 46.
Ärztliche Gutachten 67, 68, 72, 77 (§ 98).
Aufschiebende Wirkung 16, 77.
Aufsicht über die MVGer. 60.
Augenscheineinnahme 67, 68, 72, 77 (§ 98).
Ausfertigung der Urteile 75, 78. — s. a. Beglaubigung.
Ausführungsbestimmungen zu den Versorgungsgesetzen 1, 7, 8, 16, 18.
Ausführungsbestimmungen des Staatenausschusses v. 27. II. 19 zur VO. v. 1. II. 19 83.
— des Bundesrats v. 19. VI. 06 zum MVG. 86, zum OPG. 90.
— des Preuß. Kriegsministeriums v. 27. II. 19 zur VO. v. 1. II. 19 95, des Reichs - Marine - Amts v. 6. III. 19 97.
Aushang 66.
Auslagen der Rechtsanwälte 81. — s. a. Kosten.
Ausschließung des Einspruchs 15, 16, 38, 40, 49, 50, 95, 96. — s. a. Öffentlichkeit.
Ausschluß des Rekurses 27, 45.
— von Gerichtsmitgliedern 70, 77.
Aussetzung des Verfahrens 69.
Auswärtige Kammern 57.

Bare Auslagen s. Kosten.
Bayern 34, 45.
Befangenheit 71, 77.
Beglaubigung von Ladungen usw. 76, 81.
Begründung von Bescheiden 15, 17, 22, 40, 51, 83ff. — s. a. Gründe.
Beiladung 30, 46, 48, 49.
Beisitzer. Vertreter der Militärverwaltung und Versorgungsberechtigte als B. (Bestellung, Enthebung usw.) 26, 43, 44, 57 ff., 77, 96. — Heranziehung zu den Sitzungen 59, 62 (§ 29 Abs. 4). — Verpflichtung 59, 62 (§ 29 Abs. 4). — Vergütungen 60, 62.
— B. des MVGer. nicht zugleich B. beim RMVG. 57.

Beisitzer als Berichterstatter 66, 67, 69, 72, 77 (§ 98).
— Fragerecht 71.
— s. a. Richterliche Beisitzer, Ständige Mitglieder.
Beistände 31, 47, 65, 71, 77 (§ 98).
Beitreibung von Kosten 33, 47, von Strafen 59, 74, 77 (§ 98).
Belehrung über Rechtsbehelfe 15, 17, 22, 40, 51.
Benachrichtigung von Terminen 69, 77 (§ 98).
Beratung 74, 77.
Berechtigte. Beibringung von Beweismitteln 50. — s. a. Kläger, Partei.
Bereich. Zuziehung von Beisitzern aus bestimmten B. 59, 62 (§ 29 Abs. 4).
Berichterstatter. Bestellung von B. 66, 77.
— Beisitzer als B. 66, 67, 69, 72, 77 (§ 98).
— Vortrag 71.
Berichtigung von Urteilen 76, 77 (§ 98).
Berufskreis der Beisitzer 59.
Berufung gegen Bescheide 27, 45, 49, 65 ff., 95.
— B. richterlicher Beisitzer 57, 58, 61, 62 (§ 29 Abs. 4). — s. a. Bestellung, Rechtsmittel.
Bescheid über Versorgungsgebührnisse (bisheriges Recht) 2 ff.; neues Recht 15 ff., 40, 50. — B. über Pensionsregelung 2 ff., 21 ff., 36, 41, 42, 50, 83 ff., 87, 90, 95, 96.
— Rechtskraft der B. 4, 18 ff., 41, 51.
— Erteilung neuer B. 19, 41, 52, 96; neuer B. für Kriegsteilnehmer 39, 50.
Beschwerde gegen Amtsenthebung 58, 62 (§ 29 Abs. 4).
— Straf-B. 58, 59, 62 (§ 29 Abs. 4), 70, 72, 74, 77 (§ 98).
— Zeugen-B. 67, 68, 72, 74, 77 (§ 98).
— Kosten-B. 74, 77 (§ 98).
— B. gegen Berichtigungsbeschlüsse 76.
— Entscheidung über B. 76, 77 (§ 98).
Bestellung von Vertretern der Militärverwaltung und der Versorgungsberechtigten 57, 58, 61, 96.
— von Hilfskräften der MVGer. 60, des RMVG. 62.
— B. gesetzlicher Vertreter 65, 77 (§ 98). — s. a. Berufung.
Bestimmungen über die MVGer. usw. 34, 35, 48, 56.
— s. a. Ausführungsbestimmungen.
Bestrafung von Beisitzern 58, 59, 62 (§ 29 Abs. 4).
— von Zeugen usw. 67, 72, 77.
— B. wegen Ungebühr in Sitzungen 70, 77.
Beteiligte s. Berechtigte, Kläger, Partei.
Betrug 19, 41, 51, 79.
Bevollmächtigte. Vertretung durch B. 31, 47, 65, 71, 77 (§ 98).
— Terminsnachricht 69.
— Zustellungs-B. 66.
— Zustellungen an B. 75, 77 (§ 98). — s. a. Vertretung.
Beweis. Beibringung von B.mitteln durch Verletzte 50.
— B.erhebung durch MVGer. und RMVG. 66, 72, 77 (§ 98).
— B.aufnahme vor der mündlichen Verhandlung 66, 77 (§ 98), auf Grund der Verhandlung 72, 77 (§ 98).
— Teilnahme der Parteien an B.-terminen 67, 72.
— Teilnahme v. Rechtsanwälten 81.
— Abschriften von B.stücken 66, 72.
Bezirkskommando 4, 96.
Bundesrat. Ausführungsbestimmungen 86, 90. — s. a. Staatenausschuß.

Direktor des MVGer. 25, 43, 44, 56, 57. — D. des RMVG. 25, 43, 44, 61.
Dolmetscher 80.
Dritte. Beteiligung von D. am Verfahren 65, 77 (§ 98).

Einspruch gegen Bescheide (bisheriges Recht) 2, 3, 6, 7; neues Recht 15 ff., 21 ff., 36, 40 ff., 50 ff., 84, 87, 91. — Übergangsvorschriften 37, 49. — Ausschließung des E. 15, 16, 38, 40, 49, 50, 95, 96.

Entbindung (Enthebung) vom Beisitzeramte 58, 62 (§ 29 Abs. 4).
Entschädigungspflicht. Feststellung der E. (Militärversorgung oder Unfallentschädigung) 29, 46, 48, 49.
Entscheidung. Vollstreckung von E. 48.
— E. des MVGer. 73 ff., des RMVG. 77.
— E. über Beschwerden 76, 77 (§ 98). — s. a. Urteil.
Erbrechtliche Verhältnisse 69.
Ergänzungsbeschlüsse 76, 77 (§ 98).
Erlöschen des Rechtes auf Rentenbezug 5, 85, 90.

Fähigkeit zur Bekleidung eines Beisitzeramts 57, 62 (§ 29 Abs. 4).
Familienrechtliche Verhältnisse 69.
Feststellung (bisheriges Recht) der Mannschaftsversorgungsgebührnisse 2, 3, der Offizierpensionen 5, der Hinterbliebenengebührnisse 7. — Neues Recht: MVG. 14 ff., 40 ff., 50 ff., 95 ff., OPG. 53, MHG. 54. — Übergangsvorschriften 37, 49.
Form von Zustellungen 41, 66, 83 ff., 87, 91, 96.
— der Rechtsmittel 63.
Fragerecht der Parteien 68, 72,
— der Beisitzer 71.
Freiwillige Leistungen 23, 95.
Fristen für Einsprüche (altes Recht) 2, neues Recht 15 ff., 21 ff., 40, 51.
— F. für Klagen (altes Recht) 3, 6, 7, neues Recht 36, 42, 52, 53, 55.
— Übergangsvorschriften 37, 49.
— F. für Wiederaufnahmeanträge 19, 41, 52, 79.
— Rechtsmittel-F. 63, 77 (§ 98).
— Ladungs-F. 70.

Gebühr. Auferlegung einer G. 32, 47, 48.
— G.ordnung für Rechtsanwälte 34, 35, 48, 81.
— G. der Zeugen usw. 68, 72, 77 (§ 98).
Gebührenfreiheit 32, 33, 47, 48.
Gebührnisse s. Versorgungsgebührnisse.
Gegenschrift 66.
Geheime Beratung 74.
Geldstrafe s. Bestrafung.
Gemeinnützige Organisationen 31, 47, 65.
Gemeinsame Militärversorgungsgerichte 56.
Generalkommando s. Versorgungsämter.
Gerichtliches Verfahren 23 ff., 42, 49, 52, 53, 54, 65 ff.
Gerichtskosten 32, 33, 47, 49.
Gerichtssprache 80.
Gesamtsitzungen 63.
Geschäftssprache 80.
Geschäftsverteilung beim RMVG. 61
Gesetzliche Vertreter 64, 77 (§ 98).
Gewerkschaftsvertreter 31, 47, 65.
Großer Senat 26, 29, 34, 44, 62, 78.
Gründe. Entscheidungs-G. 75, 78.
— s. a. Begründung.
Grundsätzliche Entscheidungen 74, 78.
Gutachtliche Äußerung der obersten Militärverwaltungsbehörde 33, 48.

Hilfskräfte der MVGer. 60, des RMVG. 62
Hinterbliebene. Feststellung der H.gebührnisse (bisheriges Recht) 7, neues Recht 15, 41, 54, 85, 96. — Übergangszeit 37, 49.
— Örtliche Zuständigkeit der MVGer. 45.
Höhere Militärverwaltungsbehörden. Zuständigkeit 2, 3, 5, 7, 15, 16, 24, 31, 39, 40, 46, 49, 50, 96.

Instanzen s. Zuständigkeit.

Kammern der MVG. 25, 43, 57.
— Beweiserhebung durch K.mitglied 67, 72.
— Abstimmung 74.
— s. a. Militärversorgungsgerichte.
Kannbezüge 23, 95.

Klage (bisheriges Recht) 3, 6, 7, neues Recht 36, 42, 52 ff. — Übergangsvorschriften 37, 49.
Kläger. Antrag auf Ausschließung der Öffentlichkeit 31, 47.
— Unterliegen des K. 32, 33, 47.
— Persönliches Erscheinen 31, 47, 69, 73, 77 (§ 98).
— Anhören eines Arztes auf Kosten des K. 72, 77 (§ 98). — s. a. Partei.
Kosten. Gerichtliche K. des Verfahrens 32, 47.
— Partei-K. 32, 33, 38, 47, 49, 65, 72, 76, 77 (§ 98).
— K. des Militärfiskus 97.
— K. der MVGer. usw. 33, 48.
— Prozeß-K. im ordentlichen Rechtsweg 38, 49.
— Rekurs 45.
— Rechtshilfe-K. 48.
— K. der Bestellung besonderer Parteivertreter 65, 77 (§ 98).
— K.vorschuß des Klägers für ärztliche Gutachten 72.
— K. bei Vergleich 72.
— K. des persönlichen Erscheinens 74, 77 (§ 98).
— Übergehung des K.punkts 76.
— s. a. Gebühr.
Kriegsbeschädigtenfürsorge. Verbände für K. 8 ff., 57, 62.
Kriegsbeschädigtenvereinigungen. Vertretung von Berechtigten 31, 47, 65.
Kriegsministerium. Ausführungsbestimmungen des Preuß. K. v. 27. II. 19 zur VO. v. 1. II. 19 95. — s. a. Militärverwaltung, Ob. Militärverwaltungsbehörde.
Kriegsteilnehmer. Kosten 32, 47. — Neuer Bescheid 39, 50.

Ladung von Zeugen 67, 72.
— Beglaubigung von L. 81.
— s. a. Benachrichtigung.
Landes-Militärversorgungsgericht 34, 45, 46.
Leitsätze des Reichsausschusses 9 ff.
Leitung der MVGer. 25, 43, 56.
— des RMVG. 25, 43, 61.
— s. a. Vorsitzende.

Mannschaftsversorgung. Bisheriges Verwaltungsverfahren 2, 3.
Mannschaftsversorgung. Neues Verfahren 14 ff., 40 ff., 50 ff., 83 ff., 86 ff., 95.
— Rechtsweg (bisheriges Recht) 3, neues Recht 42, 52.
— Übergangsvorschriften 37, 49.
— s. a. Pensionsregelung.
Marine. Feststellung von Gebührnissen 3, 6, 8, 15, 52, 54, 55, 97. — Beisitzer aus dem Bereiche der M. 57, 59, 62 (§ 29 Abs. 4).
Militärfiskus. Beiladung 30, 48.
— s. a. Militärverwaltung,
Militärpersonen als Zeugen 67, 72.
Militärversorgung oder Unfallentschädigung 29 ff., 46, 48, 49.
— s. a. Mannschaftsversorgung u. a.
Militärversorgungsgerichte. Errichtung, Verfassung und Leitung 24 ff., 43, 56 ff., 99.
— Örtl. Zuständigkeit 27, 45, 64.
— Bestimmungen über die M. 34, 48, 56 ff.
— Kosten der M. 33, 48.
— Vorsitz 57.
— Beisitzer 57, 96.
— Hilfskräfte 60.
— Vertrauensärzte 60.
— Beaufsichtigung 60.
— Siegel 80.
— Beweisaufnahme 67, 72.
— Mündliche Verhandlung 69 ff.
— Ausschluß usw. von Mitgliedern 70.
— Zurückverweisungsrecht 73.
— Abgabe grundsätzlicher Sachen an RMVG. 74.
— Abfassung usw. der Urteile 75.
— Einreichung von Urteilsabschriften an RMVG. 77.
Militärverwaltung. Vertretung vor ordentlichen Gerichten 3, 6, 36, vor dem MVGer. usw. 31, 97.
— Rekurseinlegung 31, 46, 97.
— Vertreter der M. als Beisitzer 26, 43, 44, 57, 59, 62 (§ 29 Abs. 4), 96.
— s. a. Oberste Militärverwaltungsbehörde u. a.
Mündliche Verhandlung 31, 46, 69 ff., 77 (§ 98).

Mündliche Verhandlung. Rechtsmittelverwerfung ohne M. V. 76, 77 (§ 98).

Nachricht s. Benachrichtigung, Ladung.
Neufeststellung der Versorgungsgebührnisse 2, 4, 19ff., 38, 50, 51, 52, 96.
Nichtigkeit von Vereinbarungen über Rechtsanwaltsgebühren 34, 48.
Nichtständige Mitglieder des RVA. 30, 46, 77.
Niedere Militärverwaltungsbehörden 4, 15, 39, 40.
Niederschrift über Verhandlungen 68, 72, 73, 77 (§ 98).

Oberste Militärverwaltungsbehörde. Befugnisse (bisheriges Recht) 2, 3, 5, 7. — Neues Recht 14ff., 40ff., 50ff. — Übergangszeit 37, 49.
— Ausführungsbestimmungen 95 ff.
— Gutachtliche Äußerung 33, 48.
— s. a. Militärverwaltung.
Oberversicherungsämter 99. — s. a. Militärversorgungsgerichte.
Öffentliche Behörden. Rechtshilfe 33, 47.
Öffentliche Zustellung 66.
Öffentlichkeit, Ausschließung 31, 47, 70.
Offiziere als Beisitzer 26, 44, 57ff., 62 (§ 29 Abs. 4), 96.
Offizierpension. Feststellung (bisheriges Recht) 5, neues Recht 15, 41, 53. — Übergangszeit 37, 49. — Regelung 84, 90.
Ordentlicher Rechtsweg. Bisheriges Recht 3, 6, 7, neues Recht 35ff., 42, 52, 53, 54. — Übergangsvorschriften 37, 49.
Ordnung in Sitzungen 70.

Partei. Persönliches Erscheinen 31, 47, 69, 73, 77 (§ 98).
— Vertreter 31, 47, 65, 77 (§ 98).
— Kosten 32, 33, 38, 47, 49, 65, 72, 76, 77 (§ 98).
— Teilnahme an Beweisterminen 67, 72.
Partei. Mitteilung von Beweisverhandlungen an P. 68, 72.
— Akteneinsicht 68.
— Tod einer P. 69.
— s. a. Berechtigte, Kläger.
Pensionsregelung. Verfahren: bisheriges Recht 5, neues Recht 15, 18, 21ff., 36, 41, 42, 50ff., 83ff., 86ff., 90ff. — Übergangsvorschriften 37, 49. — P.behörden 5, 21, 100.
Persönliches Erscheinen 31, 47, 69, 73, 77 (§ 98).
Pfleger 65.
Präsident des RMVG. 25, 43, 44, 61.
Präsidium des RMVG. 61, 62.
Prozeßagenten 47, 65.
Prozeßbevollmächtige s. Bevollmächtigte.
Prozeßfähigkeit 64, 77 (§ 98).

Quittungsbuch 83, 87.

Rechenfehler 76.
Rechtsanwälte a. Vertreter 47, 65.
— Gebührenordnung 34, 35, 48, 81.
Rechtsauskunftsstellen 31, 47, 65.
Rechtsbehelfe. Belehrung über R. 15, 17, 22, 40, 51. — s. a. Einspruch usw.
Rechtshilfe 33, 47, 67.
Rechtskraft der Bescheide 4, 18ff., 41, 51.
Rechtsmittel. Form der R. und Fristen 63, 77 (§ 98).
— Einlegung bei „anderen" amtlichen Stellen 63, 77 (§ 98).
— Abschriften von R.schriften 65.
— Unzulässige und verspätete R. 76, 77 (§ 98).
— Zurücknahme 33, 47. — s. a. Berufung, Einspruch, Klage, Rekurs.
Rechtsweg s. Ordentl. Rechtsweg.
Regelung s. Pensionsregelung.
Regierungen als Regelungsbehörden 5, 21, 100.
Reichsausschuß der Kriegsbeschädigtenfürsorge 8ff., 57, 62.
Reichs-Marine-Amt s. Marine, Ob. Militärverwaltungsbehörde.
Reichs-Militärversorgungsgericht. Errichtung und Leitung 24ff., 43, 44, 61ff.

Reichs-Militärversorgungsgericht. Bestimmungen über das R. 34, 48, 56 ff.
— Kosten des R. 33, 48.
— Vorsitz 61.
— Geschäftsverteilung 61.
— Beisitzer 61, 96.
— Sitzungsplan 62.
— Hilfskräfte 62.
— Großer Senat 62, 78.
— Gesamtsitzungen 63.
— Zuziehung von Beisitzern des R. zu Sitzungen des RVA. 30, 49.
— Beiladung eines Trägers der UV. 30, 46.
— Beweisaufnahme 67, 72, 77 (§ 98).
— Mündl. Verhandlung 69 ff., 77.
— Zurückverweisungsrecht 77.
— Abfassung usw. der Urteile 77 (§ 98), 78.
— Siegel 80.
Reichstag 8, 12.
Reichsversicherungsamt. Nichtst. Mitglieder des R. als Beisitzer des RMVG. 30, 46, 77. — Beiladung des Militärfiskus 30, 48. — s. a. Reichs-Militärversorgungsgericht.
Reichsversicherungsordnung u. Militärversorgung 29 ff., 46, 48
Reihenfolge der Heranziehung von Beisitzern 59.
Reisekosten der Beisitzer 60, 62. — s. a. Kosten.
Rekurs gegen Urteile der MVGer. 27, 45, 77. — R. der Militärverwaltung 31, 46, 77, 97.
— Ausschluß des R. 27, 45.
— Aufschubwirkung 77.
— s. a. Rechtsmittel.
Rentenbuch 83, 87.
Richterliche Beisitzer der MVGer. 25, 43, 57, 58, des RMVG. 25, 43, 44, 61 ff., 77.
Rückzahlung von Gebührnissen 5, 87.
Ruhen des Rentenbezugsrechts 5, 85, 87, 91.

Sachverhalt in Urteilen 75
Sachverständige. Vernehmung 67, 69, 72, 74, 77 (§ 98). — Gebühren 68, 72.
Schreibfehler 76.
Schriftführer 68, 72, 77 (§ 98).
Schriftsätze s. Rechtsmittel.
Schutztruppen. Feststellung von Gebührnissen 3, 6, 8, 15, 18, 53, 54, 55. — Beisitzer aus dem Bereiche der S. 57, 59, 62 (§ 29 Abs. 4).
— Pensionsregelungsbehörden 101.
Schweigepflicht über Abstimmungen 75.
Senate des RMVG. 25, 43, 44, des Landes-MVG. 34, 45, 61 ff., 77.
— Beweiserhebung durch S.mitglied 72, 77 (§ 98).
— Abstimmung 77.
— s. a. Großer Senat, Reichs-Militärversorgungsgericht.
Senatspräsidenten 25, 44, 61 ff., 77.
Siegel des MVGer. und des RMVG. 80.
Sitzung s. Mündliche Verhandlung.
Sitzungsplan des RMVG. 62.
Sitzungspolizei 70.
Soldat oder Arbeiter 29, 46, 48.
Spruchverfahren 23 ff., 37, 42 ff., 49, 52 ff., 56 ff. — s. a. Berufung u. a.
Staatenausschuß. Ausführungsbestimmungen 83.
Ständige Mitglieder des RVA. 26, 44, 61 ff., 77.
Stempelfreiheit 33, 48.
Strafe s. Bestrafung.
Streit über Zuständigkeit 64. — s. a. Berufung u. a.
Streitgenossen 65, 77 (§ 98).

Tagegelder der Beisitzer 60, 62.
Tagesordnung 70.
Termin. Wahrnehmung von T. durch Vertreter des Militärfiskus 97. — s. a. Beweis, Mündliche Verhandlung, Vertretung.
Terminsnachricht 69, 70, 77 (§ 98).
Tod einer Partei 69.
Truppenteil 4.

Übergangsvorschriften 37, 49.
Übersetzungen 80.
Unfallentschädigung oder Militärversorgung 29 ff., 46, 48, 49.

Ungebühr in Sitzungen 70, 74.
Unrichtigkeiten 76.
Unterbrechung des Verfahrens 69.
Untere Militärverwaltungsbehörde s. Niedere Militärverwaltungsbehörden.
Unterklassen des Soldatenstandes 26, 43, 44.
Unterliegen des Klägers 32, 33,
Unterzeichnung von Schriftsätzen 63, 77 (§ 98), von Niederschriften 73, 77 (§ 98), von Urteilen 75, 76, 78.
Unzulässige Rechtsmittel 76, 77 (§ 98).
Urkunden 19, 41, 48, 51, 79.
Urteil. Abfassung usw. der U. 75, 77 (§ 98), 78. — s. a. Entscheidung.

Veränderung der Verhältnisse. Neue Feststellung bei V. d. V. (altes Recht) 2, 4, neues Recht 27, 41, 51, 96. — Ausschluß des Rekurses 27, 45.
Vereidigung v. Zeugen usw. 67, 72.
Vereinbarungen über Rechtsanwaltsgebühren 34, 48.
Verfahren. Änderung des V. in Militärversorgungssachen 13 ff., 40 ff., 50 ff., 95 ff. — Wiederaufnahme des V. 19 ff., 41, 78. — Übergangszeit 37, 49.
— V. vor den MVGer. 34, 45 ff., 48, 63 ff., 65 ff., vor dem RMVG. 34, 45 ff., 48, 63 ff., 77.
— Aussetzung und Unterbrechung des V. 69.
— s. a. Feststellung, Pensionsregelung, Verwaltungsverfahren.
Vergleich 72, 77 (§ 98), 97.
Vergütung nichtständiger Mitglieder des RVA. 46.
Verhandlung vor den Spruchbehörden 31, 46.
— Gebühren- und Stempelfreiheit von V. 48. — s. a. Beweis, Mündliche Verhandlung.
Verhinderung eines Vorsitzenden oder Beisitzers 75, 78. — s. a. Vertretung.
Verjährung 42.
Verkündung der Entscheidung 75.
Veröffentlichung von Entscheidungen 78.
Verordnung v. 1. II. 19 13 ff., 40 ff. — s. a. Gebühren.
Verpflichtung der Beisitzer 59, 62 (§ 29 Abs. 4).
Versorgungsämter. Zuständigkeit 3, 16, 95 ff. — s. a. Höhere Militärverwaltungsbehörden.
Versorgungsberechtigte als Beisitzer 26, 43, 44, 57 ff., 61 ff. — s. a. Beisitzer.
Versorgungsgebührnisse. Feststellung (bisheriges Recht) 2 ff., 7, neues Recht 14 ff., 37, 40 ff., 50 ff.
— Regelung 5, 15, 18, 21 ff., 36, 37, 41, 42, 50 ff., 83 ff.
— Übergangszeit 37, 49.
— s. a. Mannschaftsversorgung u. a.
Verspätete Rechtsmittel 76, 77 (§ 98).
Vertrauensärzte 60.
Vertretung der Militärverwaltung vor ordentlichen Gerichten 3, 6, 36, 52 ff., vor den MVGer. usw. 31, 47, 97.
— V. der Parteien 31, 47, 65, 77 (§ 98).
— Gesetzliche V. 64, 77 (§ 98).
— V. des Direktors des MVGer. 25, 43, 56. — V. des Präsidenten des RMVG. 25, 43, 61, des Direktors 61.
— V. von Beisitzern 62.
— s. a. Bevollmächtigte, Verhinderung.
Verwaltungsverfahren. Bisheriges V. in der Mannschaftsversorgung 2, 3, Offizierpensionen 5, Hinterbliebenengebührnisse 7. — Neues Recht 14 ff., 40 ff., 50 ff., 95 ff. — Übergangsvorschriften 37, 49.
Verwandte 65.
Verweigerung von Beisitzerdienstleistungen 58, 62 (§ 29 Abs. 4). — Zeugnis-V. 67, 72.
Verweisung an den Großen Senat 29, 45, 63, 78.
Vollmacht 65, 97. — s. a. Bevollmächtigte.
Vollstreckung von Entscheidungen 48.
Vorladung s. Benachrichtigung, Ladung, Persönliches Erscheinen.

Vorläufige Leistung 73, 77 (§ 98).
Vormund 65.
Vorsitzende der Kammern 25, 43, 57 ff., der Senate 25, 44, 61, 77. — s. a. Direktor.
Vorverhandlungen 66.

Wahl der Vertrauensärzte 60. — s. a. Berufung, Bestellung.
Waisen s. Hinterbliebene.
Wegfall der Vorausetzungen für Berufung als Beisitzer 58, 62 (§ 29 Abs. 4).
Widerruf der Bestellung als Vertreter der Militärverwaltung 59, 62 (§ 29 Abs. 4).
Wiederaufleben des Rentenbezugsrechts 5, 85, 87, 90.
Wiederaufnahme des Verfahrens 19 ff., 41, 51, 78 ff.
Wiederbestellung als Beisitzer 59, 62 (§ 29 Abs. 4).
Wiedereinsetzung in den vorigen Stand 17, 63, 77 (§ 98).
Witwen s. Hinterbliebene.

Zahl der Beisitzer aus den Versorgungsberechtigten 57, 62.
Zeitdauer der Bestellung als Beisitzer 59, 62 (§ 29 Abs. 4), 96.
Zeitverlust bei persönlichem Erscheinen 74. — s. a. Tagegelder.
Zeugen. Vernehmung 67, 69, 72, 74, 77 (§ 98). — Gebühren 68, 72.
Zurücknahme eines Rechtsmittels 33, 47.
Zurückverweisung 73, 77.
Zurückweisung von Bevollmächtigten und Beiständen 47, 71.
Zuständigkeit der Militärverwaltungsbehörden (bisheriges Recht) 2, 3, 5, 7, neues Recht 14 ff., 40 ff., 50 ff., 83 ff., 90 ff., 95.
— Z. der Spruchbehörden der Militärversorgung 23 ff., 42 ff., 52 ff.
— Z. der ordentlichen Gerichte (bisheriges Recht) 3, 6, 7, neues Recht 35 ff., 42, 52 ff.
— Übergangszeit 38, 49.
— Örtliche Z. der MVGer. 27, 45, 64.
— Z. des RMVG. 27, 45.
— Z. des bayr. Landes-MVG. 34, 45.
— Z. zur Entscheidung über Anträge auf Wiederaufnahme des Verfahrens 79.
Zustellungen. Form der Z. 41, 66, 83, 84, 87, 91, 96.
— Z. von Urteilen 75, 78.

GPSR Compliance

The European Union's (EU) General Product Safety Regulation (GPSR) is a set of rules that requires consumer products to be safe and our obligations to ensure this.

If you have any concerns about our products, you can contact us on ProductSafety@springernature.com

In case Publisher is established outside the EU, the EU authorized representative is:

Springer Nature Customer Service Center GmbH
Europaplatz 3
69115 Heidelberg, Germany

Batch number: 10844675

Printed by Printforce, the Netherlands